"Questa terra, Signore, mi sembra che, dalla punta più a sud che abbiamo visto fino all'altra punta più a nord che da questo porto si può vedere, sarà così grande che ce né saranno ben venti o venticinque leghe di costa. Lungo il mare ci sono grandi barriere, alcune rosse ed altre bianche; e la terra sopra è tutta piana e piena di alberi. Da una punta all'altra è tutta spiaggia (...) assai piana e bella. Dalla foresta c'è sembrata, vista dal mare, molto grande;perché, fin dove gli occhi si estendevano, non potevamo vedere altro che terra e alberi ..."

(Brano della lettera al re del Portogallo scritta da Pero Vaz de Caminha, scrivano della flotta che scoprì il Brasile)

INVESTIRE IN BRASILE!

COSA FARE E COSA NON...FARE!!!

Nuova edizione 2010
© Copyright Brazil Real Property 2008
Tutti i diritti riservati

ISBN 978-1-4452-1470-2
90000

Le fotocopie per uso personale del lettore possono essere effettuate nei limiti de 15% di ciascun volume/fascicolo di periodico dietro pagamento alla SIAE del compenso previsto dall'art. 68, commi 4 e 5 , della legge 22 Aprile 1941 n.633.

Prefazione

In questo pratico e veloce libro sono raccolti, andando direttamente al nocciolo di ogni situazione e soprattutto senza filtri, dieci anni di diretta esperienza in Brasile di Brazil Real Property in materia di investimenti.

INVESTIRE IN BRASILE!
COSA FARE E COSA...NON FARE!
ISTRUZIONI D'USO

Vi permetterà di partire già con un bagaglio di esperienza di investimenti immobiliari e di non cadere nella miriade di "trucchetti" che inevitabilmente incontrerete nel paese della "samba" venendo a conoscenza delle CRUDE VERITA'!
Non permettete che il Vostro Paradiso si trasformi nel Vostro Inferno...
A voi la scelta!

Abraço

INDICE

- CARTINE — 11
- CITTA' DEL BRASILE — 21
- PERCHE' BRASILE — 35
- TROPPO COSTOSO PER TE? QUESTI I FATTI... — 40
- INVESTIMENTI IMMOBILIARI IN BRASILE — 44
- IL MERCATO IMMOBILIARE — 47
- ACQUISTARE PROPRIETA' IN BRASILE — 49
- COME SCEGLIERE UN AGENTE IMMOBILIARE — 51
- ASPETTI LEGALI DI ACQUISTO DI UNA PROPRIETA' — 52
- INVESTIMENTI STRANIERI IN BRASILE — 59
- COME INVESTIRE — 65
- PROPRIETA' RESIDENZIALI: RENDITA DA AFFITTO — 68
- PROPRIETA' COMMERCIALI: RENDITA DA AFFITTO — 70
- TERRENI — 71
- ACQUISTARE ISOLE O SPIAGGE PRIVATE — 73
- LA "ZONA MARINHA" O I 33 METRI DALLA SPIAGGIA — 74
- TERRENI URBANI — 75
- TERENI RURALI — 76
- ACQUISTO DI TERRENI SENZA TITOLO DI PROPRIETA' — 77
- OCCUPANTI ABUSIVI — 78
- ASPETTI AMBIENTALI – AREE AMBIENTALI PROTETTE — 78
- I PREZZI DEI TERRENI IN BRASILE — 79
- COSTRUZIONE DI CASE — 81
- COSA COMPRARE? NORD O SUD? — 82
- CASE RESIDENZIALI O PER TURISMO? — 83
- TIPOLOGIA DI IMMOBILI — 84
- COME FARE UN GRANDE INVESTIMENTO IN BRASILE — 86
- MUTUI — 92
- ASPETTI FINANZIARI — 93
- TRASFERIRE DENARO IN BRASILE — 94

- IMMIGRAZIONE IN BRASILE 96
- VISTO PERMANENTE 99
- COSA FARE E COSA... *NON FARE!* 117
- LE CRUDE VERITA'! 121
- RAPPRESENTANZE DIPLOMATICHE, CONSOLARI E COMMERCIALI 122
- SISTEMA DEL COMMERCIO ESTERO 126
- FILIALI DI SOCIETA' STRANIERE IN BRASILE 127
- SOCIETA' STRANIERE 128
- NORME DI RIFERIMENTO 135
- ZONA FRANCA DI MANAUS 141
- COSTITUZIONE DI SOCIETA' IN BRASILE 142
- LEGISLAZIONE SOCIETARIA 151
- SISTEMA FISCALE 153
- FISCALITA' 157
- APPENDICE: " CONVENZIONE TRA IL GOVERNO DELLA REPUBBLICA ITALIANA ED IL GOVERNO FEDERALE DEL BRASILE PER EVITARE LE DOPPIE IMPOSIZIONI E PREVENIRE LE EVASIONI FISCALI IN MATERIA DI IMPOSTE SUL REDDITI 158
- DIRITTO DEL LAVORO 185
- LO SAPEVI CHE...? 188
- ABOUT BRAZIL... 191
- STRATEGIA "BRAZIL REAL PROPERTY" 211

Il Brasile è un affascinante paese. Con una popolazione di circa 190 milioni di abitanti. E' il quinto più grande paese del mondo e confina con tutti i stati del Sud America tranne che con l'Ecuador e il Cile.

I brasiliani sono l'essenza del paese, e se da un lato il Brasile ospita una moltitudine di gruppi etnici di vari livelli economici, dall'altro ci sono caratteristiche che li accomuna tutti: energia e passione.

Economicamente il Brasile ha un ottimo andamento; attualmente è il decimo maggior GDP(consumatore di prodotto domestico) nel mondo e una delle quattro maggiori economie in sviluppo nel mondo (le altre sono Cina, India e Russia).
"Entro il 2050 il Brasil sarà la quinta più grande economia mondiale".
Fonte. Goldman Sachs.

CARTINE

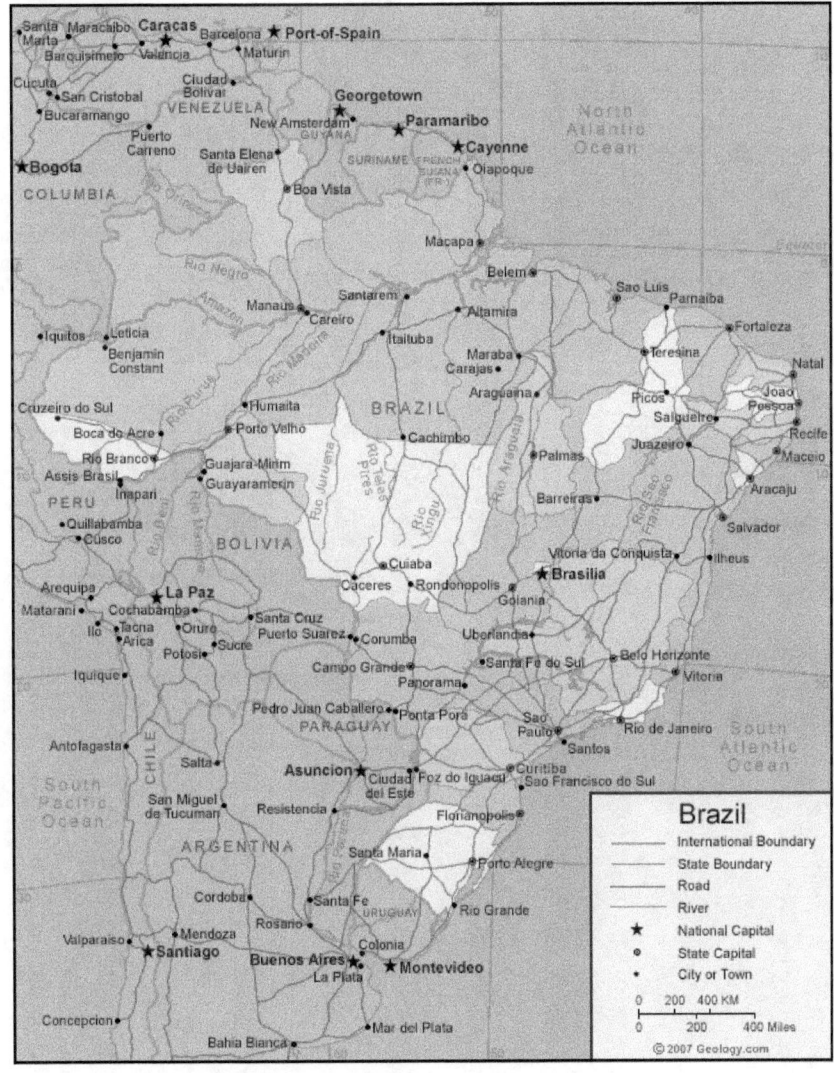

Mapa 1.16
Unidades Climáticas do Brasil

ESCALA 1:22 000 000

QUENTE	SUPER ÚMIDO	Sem seca
		Subseca
	ÚMIDO	1 a 2 meses secos
		3 meses secos
	SEMI ÚMIDO	4 a 5 meses secos
		6 meses secos
	SEMI ÁRIDO	7 a 8 meses secos
		9 a 10 meses secos
		11 meses secos
SUBQUENTE	SUPER ÚMIDO	Subseca
	ÚMIDO	1 a 2 meses secos
		3 meses secos
	SEMI ÚMIDO	4 a 5 meses secos
MESOTÉRMICO BRANDO	SUPER ÚMIDO	Sem seca
	ÚMIDO	1 a 3 meses secos
	SEMI ÚMIDO	4 a 5 meses secos
MESOTÉRMICO MEDIANO	SUPER ÚMIDO	Subseca

Fonte - IBGE, Diagnóstico Brasil - 1990

--- Limite Climático Quanto à Temperatura
— Limite Climático Quanto à Umidade

Equatorial
Tropical (Zona Equatorial)
Tropical (Nordeste Oriental)
Tropical Brasil Central

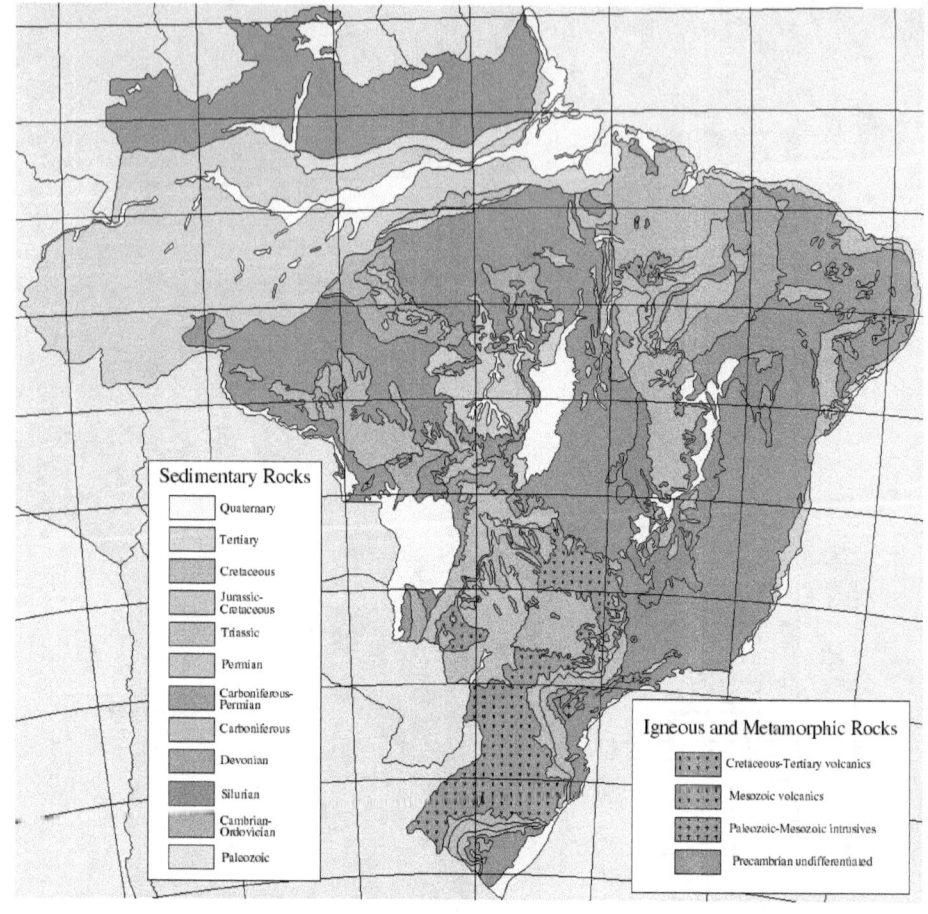

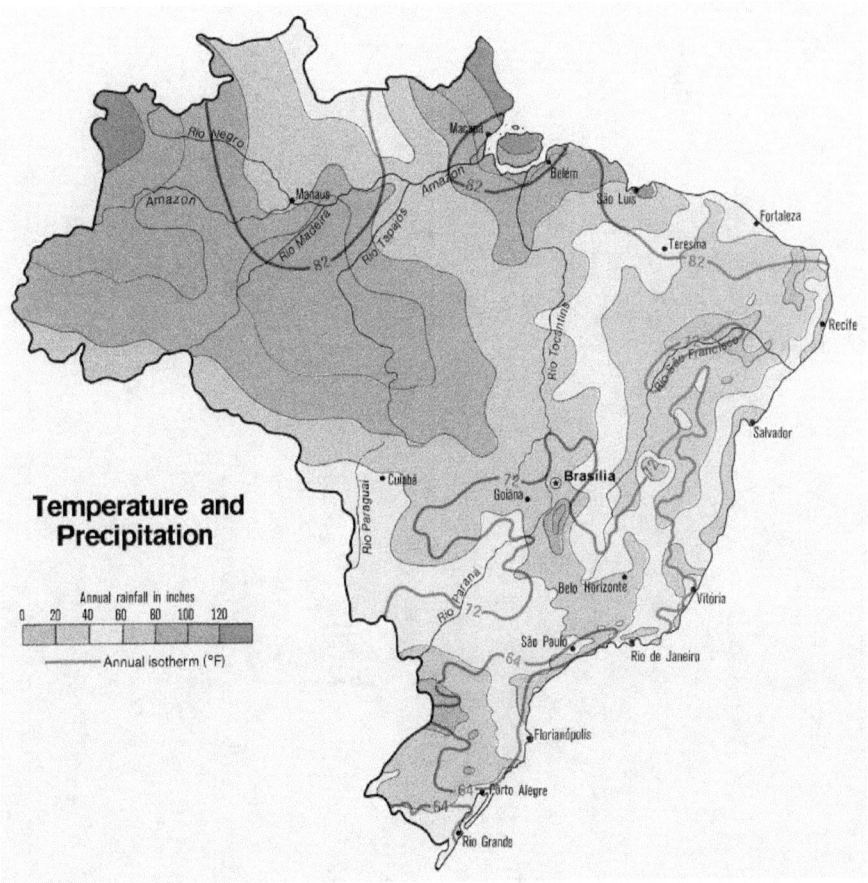

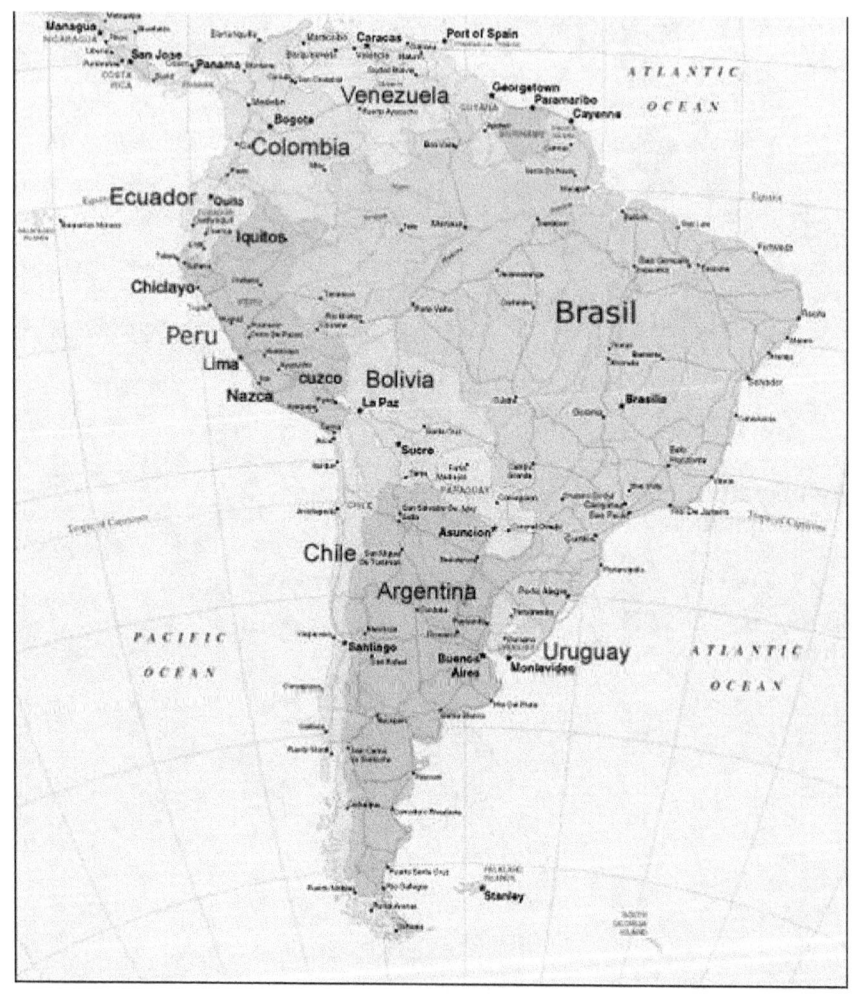

CITTA' DEL BRASILE

Indipendentemente dal fatto che questa sia la tua prima visita in Brasile o la tua centesima visita, il fatto è che il Brasile offre così tante da fare e da vedere per un turista che non vi è né un miglior periodo né un luogo migliore rispetto ad un altro! Così, per cercare di aiutare a pianificare la tua vacanza in Brasile, qui di seguito le destinazioni top in Brasile (senza nessun particolare ordine di preferenza):

PARCO NAZIONALE DELL' AMAZZONIA

Estendendosi per ben 7 stati su totali 27 stati del Brasile, "L'Inferno verde", copre quasi il 40 per cento del territorio del Brasile. Anche se la foresta Amazzonica si estende anche nei paesi confinanti (in particolare in Bolivia, Colombia, Guyana e Perù), è in Brasile che la maggior parte dei turisti si concentra per stupirsi davanti a questa meraviglia naturale. Fra le attività da fare in Amazzonia ci sono "bird watching", trekking/escursionismo, arrampicata, rafting etc... Senza dubbio, un tour in Brasile è incompleto senza una visita in Amazzonia.

LE CASCATE DI IGUASSU'

Sono descritte come una delle 7 meraviglie naturali del mondo. Sul fiume Paranà, le cascate fungono da confine naturale fra i paesi di Brasile, Argentina e Paraguay e compongono un totale di 275 cascate. Il periodo migliore per vedere le cascate di "Iguacù" è tra Ottobre e Dicembre e si consiglia vivamente di soggiornare almeno una notte qui prima di passare alla Vostra prossima destinazione!

RIO DE JANEIRO

La parola "esotica" racchiude l'essenza di Rio, la seconda città più popolosa del Brasile (dopo San Paolo)! Ma Rio è anche caotica, sofisticata, aperta, cordiale, vivace e rilassata. Ci sono queste caratteristiche letteralmente tutte "arrotolate" in una! La maggior parte delle persone abbina Rio al sole, al mare e al surf. Anche se Rio è tutto questo, è anche molto di più.

Se siete alla ricerca di una combinazione di spiagge, sport, sole, parchi e giardini esotici, con una vista sulle montagne spettacolare, un po' di danza e di ottimi cocktail, Rio è per voi. Rio de Janeiro ha una maestosa bellezza, fra una stupenda baia con spiagge abbaglianti e una catena montuosa coperta da vegetazione tropicale.

Con l'istituzione di Brasilia nel 1960, Rio ha cessato di essere la capitale del Brasile, ma è ancora una grande capitale culturale, con numerosi musei che ospitano una vasta gamma di arte e di informazioni sulla vita e la cultura brasiliana. La città è una delle più densamente popolate della terra, con 6 milioni di abitanti.

Rio ama il sole e le sue famose spiagge sono libere a tutti, con il surf come passatempo popolare. La leggendaria spiaggia di Copacabana è vivace, piena di gente intenta a giocare a beach volley con il samba in sottofondo. Il lungomare è pieno di stand dove bere qualsiasi tipo di frullato tropicale con l'immancabile acqua di cocco e di venditori ambulanti che propongono tutti gli articoli necessari per sfruttare al meglio la spiaggia.

Un'altra spiaggia, Ipanema, è nota per essere giovane e alla moda, con numerose boutique ed è la meta della classe ricca di Rio.

Dal lato culturale il Museo di Storia Nazionale di Rio come altri numerosi musei e centri culturali finanziati da privati sono pieni di capolavori e di storia meravigliosa. Solo il Museo di Storia Nazionale vanta una collezione di 30.000 pezzi, compresi i gioielli in avorio una volta di proprietà della famiglia imperiale. Al Monastero di São Bento, è possibile ammirare all'interno magnifici candelabri d'argento e dipinti del soffitto dedicato alla Vergine. Il convento Francescano è rivestito in legno dorato, con soffitti dipinti raffiguranti la glorificazione di San Francesco.

Ci vorrebbe un giorno intero per vedere tutte le grandi chiese. Una delle più importanti è la cattedrale barocca di "Nossa Senhora de Igreja da Gloria" che domina la città, nota per la sua grande cupola.

Uno dei siti più emozionanti è il "Corcovado", una montagna con una parete di granito a picco sormontata dal "Cristo Redentor" (Cristo Redentore), statua di oltre 100 metri che abbraccia e protegge tutta Rio. È possibile raggiungerne la cima su un treno a cremagliera godendo di una vista sulla spiaggia straordinaria.

Il secondo picco più famoso e' il "Pan di Zucchero", il quale è altrettanto impressionante e regala una prospettiva diversa della città. Il "Pan di Zucchero", è costituito da una lastra di granito, all'ingresso della baia di Guanabara. Dalla cima di 1.295 metri, è possibile vedere tutta la città insieme alle spiagge e l'Oceano Atlantico. Per salire in cima si utilizza una funivia che ha una lunghezza di 4.265 metri. I tramonti visti dalla cima sono favolosi.

La vita festosa della città raggiunge il culmine durante l'annuale Carnevale, di cui beneficia l'intera città per tre giorni. Musica, feste, balli, parate per strada, ballerini in costumi ricercati e brillanti.

E' sempre tempo di Carnevale e samba a Rio! Il Carnevale è il periodo migliore per visitare la città, da tenere presente che la città risulta ancora maggiormente affollata però. Il Carnevale si svolge a Febbraio o Marzo, a seconda della data di Pasqua di ogni anno. E' meglio arrivare un po' presto per godere di tutte le attrazioni. E, soprattutto, prenotare l'albergo almeno con un anno di anticipo.

Prestate particolare attenzione alle spiagge e di notte. Lasciate il Vostro passaporto, i gioielli, e la maggior parte dei contanti al vostro hotel.

PANTANAL

Considerata una delle riserve naturali più grandi del mondo, ogni visita al Pantanal deve essere attentamente pianificata in quanto l'area non è ideale per il turista – ci sono infatti poche infrastrutture esistenti. Tuttavia, non lasciate che questo Vi impedisca di visitare il Pantanal perchè è davvero un posto splendido. I pescatori soprattutto sono attratti da Pantanal in quanto è uno dei migliori luoghi per la pesca in Sud America. Ma è anche il bird-watching ad attirare la maggior parte dei visitatori.

SALVADOR

Salvador, che un tempo era la capitale del Brasile Coloniale, è situata nella "Baia di Tutti i Santi". I visitatori di questa meravigliosa città possono divertirsi camminando per le stradine in pietra che sono rimaste le stesse di quando la città era il centro di smistamento degli schiavi in Brasile provenienti dall' Africa.

Da non perdere a Salvador una visita alla "Igreja de Sao Francisco". L'interno della chiesa, è rivestita con foglie d'oro. Poco distante dalla chiesa c'è il Farol de Barra, un faro fortificato del 16° secolo che si affaccia sulla seconda baia più grande del Brasile.

La città di Salvador, capitale del Brasile coloniale per quasi due secoli, è oggi una città di 2 milioni di persone. La cultura nera africana, originata dagli ex schiavi, si riflette fortemente nella cultura della città. In effetti, il 70 per cento della popolazione della città è afro-brasiliana. La città fu costruita su due livelli distinti, con la parte residenziale in collina e quella commerciale in pianura, oggi è ancora divisa fra la parte superiore ed inferiore, con un ascensore per portarvi da una all'altra. Le spiagge di Salvador sono state fonte di ispirazione per scrittori e musicisti.

Esse forniscono sedie e ombrelloni e i chioschi vendono una gamma di prodotti alimentari e di bibite allettanti. Molte spiagge sono illuminate di notte e i bar e ristoranti sono famosi per le folli serate. Forse si vorrà fare dello shopping al Gran Mercado Modelo come anche visitare i numerosi musei. Oppure, è possibile avventurarsi al Forte di Santo Antonio che si trova sulla punta della penisola, e fare un giro al faro e al museo nautico e perchè no godere anche della vicina spiaggia.

La scelta "hoteliera" a Salvador è molto ampia e spazia da eleganti e lussuosi grattacieli ad appartamenti a conduzione familiare.

Il periodo migliore per visitare la città è tra Novembre e Aprile e il mese di Luglio (quando le scuole sono chiuse).

E' meglio non andare in giro di notte in zone non centrali, soprattutto se si è da soli e, ovviamente, lasciate gioielli, orologi e gran parte del denaro nell'hotel.

SAO PAULO

C'è una parola che riassume Sao Paulo "GRANDE"! La città non è solo la più popolosa in tutto il Brasile, ma è anche il centro commerciale del Brasile, con alcuni dei più grandi grattacieli del paese. Tuttavia, i visitatori a Sao Paulo non devono pensare che Sao Paulo sia solo tutto lavoro e niente divertimento, infatti una volta che il sole tramonta a Sao Paulo si accende la movida con alcuni dei pub e locali più alla moda di tutto il Brasile; alcuni sostengono che a Sao Paulo i club siano più in sintonia con gli stili occidentali più moderni rispetto a quelli di Rio!

Sao Paulo è uno dei gioielli più splendidi del Brasile. Questo gioiello è una città radiosa, che convive con la cultura e l'industria. Sao Paulo (San Paolo) è una amalgama di varie culture che modellano il volto di questa moderna metropoli brasiliana.

La città di San Paolo, pur essendo così popolosa oggi, è rimasta per centinaia di anni una piccola città coloniale, sono evidenti le reliquie della città vecchia che possono ancora essere trovate in tutta Sao Paulo.

Oggi con 32 centri commerciali, centinaia di negozi e decine di strade a quattro corsie costantemente trafficate, la città è anche orgogliosa di essere la casa di 2 dei 15 zoo più famosi al mondo, così come anche di un gran numero di parchi e di un magnifico giardino botanico.

Sao Paulo racchiude il meglio dei due mondi, con praticamente tutto ciò che si può desiderare trovare in una grande città, così come anche alcune cose che non ci si aspetterebbe. Un fatto notevole è l'elevata concentrazione di immigrati, dando a questa metropoli cosmopolita tanti visi diversi. Oltre 1 milione di giapponesi che vivono qui danno a questa città il primato di essere la più grande città giapponese fuori dal Giappone. Liberdade è il nome del quartiere dove si trova questo centro di cultura giapponese, è un centro della comunità asiatica, impreziosita da giardini pittoreschi e negozi esotici. Non dimentichiamo anche che il 40% dei "Paulistani" è di origine italiana.

Per aumentare la ricchezza culturale di San Paolo, i musei qui hanno una le migliori mostre permanenti di arte latino-americana e di architettura di tutto il continente sudamericano. Il profilo contemporaneo di una mezza dozzina di edifici di The Latin American Memorial Complex è piena di arte latino-americana. Questo complesso è facilmente accessibile con la metropolitana che è pulita e moderna, una delle migliori al mondo.

Da non perdere l'arredamento risalente al periodo imperiale del Brasile presso l'Imperial Ipiranga Museum (Museu Paulista). Con così tante risorse e servizi moderni, questa città è una delizia da vivere e da esplorare. I larghi viali di Avenida Paulista, la via principale di San Paolo, sono un ottimo punto per iniziare ad esplorare la città passeggiando.

Sao Paulo è un affascinante contrapposizione di vecchio e nuovo, qui potete trovare lo splendore dell'era coloniale immersa nei comfort moderni. Sao Paulo è una città tutta da scoprire, pulita, luminosa ed emozionante, questa città rivoluzionerà completamente le Vostra idea del Brasile.

BRASILIA

Brasilia è stata costruita dagli architetti più importanti del paese, Oscar Niemeyer e Lucio Costa, nel 1950 in sostituzione di Rio come città capitale del Brasile. Questo, tuttavia, non significa che la progettazione della città sia stata ben ponderata. Per essere onesti, Brasilia è stata intesa come la capitale amministrativa del Brasile, una funzione che ricopre anche in questi giorni. Tuttavia, gli architetti della città non avevano preso in considerazione le imprese private di costruzione esistenti a Brasilia. Di conseguenza tutte le buone intenzioni degli architetti si persero e la città oggi è poco più che un pasticcio tentacolare di edifici con design moderno. Tutto sommato quindi, Brasilia sicuramente merita una visita se si ha tanto tempo, ma se il vostro tempo è limitato, e' meglio dedicarsi ad altri luoghi!

MANAUS

Situata nel cuore del bacino amazzonico, Manaus è una destinazione popolare per i turisti in cerca di escursioni nel cuore esotico del Rio delle Amazzoni.

Manaus offe due grandi attrazioni per i suoi turisti. La prima è ovviamente la possibilità di viaggiare nel bacino amazzonico, la seconda è la possibilità di vedere alcune delle più grandi navi d'alto mare del mondo entrare nel porto fino ad un migliaio di chilometri verso l'interno, dove caricano e scaricano i loro prodotti.

RECIFE

Situata sulla Costa d'Oro del Brasile (Brasile nord-orientale), Recife è una famosa destinazione turistica. Recife è nota anche per il numero di canali e ponti che attraversano questa città, per questo definita anche la "Venezia del Brasile". La città ha anche un certo numero di musei e chiese. Tuttavia, nessuna visita a Recife è completa senza una visita al vecchio carcere della città, per rendere la vostra visita ancor più interessante, ora il complesso si è dotato anche di un centro commerciale.

Recife è la capitale dello stato di Pernambuco ed è considerata una delle città portuali più importanti del Brasile. Recife è la quinta città più grande del Brasile ma è meno moderna e cosmopolita di alcune altre grandi città brasiliane. Il Guarapares International Airport è l'aeroporto della città e offre numerosi voli da e per questa destinazione. Recife è nata come una città portuale incastonata fra spiagge di sabbia bianca punteggiata da palme e barriere coralline. L'area urbana è in rapida crescita ed è collegata da una serie di ponti e corsi d'acqua. Nel 1982, la vicina città di Olinda è stata dichiarata patrimonio mondiale dell'Unesco ed il turismo ovviamente ne ha risentito positivamente.

Il nome di Recife deriva dalla parola portoghese "recife de coral", appunto "barriera corallina". L'area è stata una delle prime in Brasile a ribellarsi dalla dominazione portoghese nel 1534. Lo stato di Pernambuco prosperò con l'industria della canna da zucchero, che è stata originariamente introdotta nella zona da Duarte Coelho. Recife era un territorio fertile con un clima estremamente adatto per la coltivazione della canna da zucchero. Le popolazioni indigene del Brasile sono state impiegate per lavorare la terra e coltivare la canna da zucchero nei campi.

Quando ciò non era più una soluzione praticabile per produrre, gli schiavi raccolti dall'Africa sono stati portati nel paese tra il 16° secolo e 19° secolo per sostituire la popolazione indigena non cooperativa e così sostituita per i lavori nei campi. Questo stato brasiliano ha elementi molto visibili della cultura nera nel cibo, nella danza e nella musica a causa dell'influenza del popolo africano. La combinazione di indiani, schiavi neri e portoghesi era talmente elevato che ha fatto di Recife una delle città più culturalmente variegate del paese.

Il Carnevale di Recife ha una famosa tradizione ed è sicuramente uno dei più belli e famosi del Brasile.

Ogni hotel di Recife Vi aspetta a braccia aperte in questo periodo dell'anno. Le strade si animano con i nativi indiani ed africani Maracatu ai battiti del Frevo e del Samba. Sarete incantati dalle atmosfere, i suoni e le sfilate dei carri del Carnevale.

SAO LUIS

Sao Luis che ha preso il nome da re Luigi XIII (di Francia), è considerata una delle città più belle del Brasile. L'architettura della città è coloniale ed è stata fondata da un pirata francese, con magnifiche chiese e palazzi. Sao Luis è a dir poco incantevole ed è una deliziosa fusione di tutte le culture del Brasile: africana, indigena e portoghese. Vale proprio la pena di visitare questa bella cittadina.

NATAL

Natal è la capitale del Rio Grande Do Norte. E' incorniciata da splendide spiagge e dune di sabbia che corrono lungo i suoi 40 chilometri di costa. Geograficamente parlando Natal è il punto più vicino del Brasile all'Europa.

Natal dispone di due centri urbani che includono le città di Natal e Ponta Negra, quest'ultima è l'area più popolare per l'intrattenimento, ristoranti e alloggi. Conosciuta come la "Città del Sole" e anche come "La Città delle Dune", Natal si trova nella punta nord-orientale del Brasile. Situata a circa 15 gradi a sud dell'equatore il sole splende per oltre 3.000 ore ogni anno. La temperatura media a Natal è di circa 28 gradi Celsius. Durante la stagione estiva raggiunge i 38 gradi Celsius.

Quando si organizza una vacanza a Natal e' bene tenere presente che il periodo migliore per visitarla è da Novembre a Febbraio e poi ancora nel mese di Luglio. Ci sono hotel a quattro e cinque stelle che si trovano lungo la "Via Costeira" i quali offrono un ottimo servizio. Sono tutti affacciati direttamente sulla spiaggia e la maggior parte delle camere hanno una splendida vista sull'oceano. Per trovare una più ampia gamma di sistemazioni basta spostarsi a Ponta Negra dove è possibile trovare una varietà di hotel che soddisfano le esigenze di ogni tasca. Nessuna vacanza a Natal sarebbe completa senza un giro fra le tante spiagge sia a nord che a sud di Natal, fra le più famose sicuramente spicca Praia De Pipa

FORTALEZA

Due parole definiscono la capitale dello stato del Ceará: Sole e Festa.

Fortaleza è la città costiera brasiliana con più giornate di sole durante tutto l'anno. Fortaleza è una città calda, con una piacevole brezza lunga la costa, con piccole variazioni di temperatura durante l'anno, infatti Fortaleza si trova molto vicino alla linea equatoriale. C'è un leggero calo di temperatura da Aprile ad Agosto, ma la temperatura resta ancora tra i 24 e i 28 gradi Celsius. Il resto dell'anno la temperatura è di 30 gradi Celsius.

Il "forrò" è lo stile musicale tipico della regione del nord-est, è nel sangue del popolo e si ascolta dovunque: sulla spiaggia, nei bar, nei ristoranti, nelle discoteche, nelle strade della città. La maggior parte dei bar-spiaggia sono aperti fino a molto tardi e in alcune delle località balneari come Cumbuco e Canoa Quebrada spesso non chiudono proprio rimanendo aperti fino all'alba ed oltre.

La movida notturna inizia ad agitarsi intorno a mezzanotte e poi va avanti fino alle prime ore del mattino. Le mete turistiche principali si trovano sulla spiaggia di Iracema con diversi locali notturni e bar come il Café del Mar e il Mambo, e il "Pirata" la discoteca famosa per il suo Lunedì dedicato agli amanti della musica Forrò.

Famosa per la cordialità e l'ospitalità della sua gente, per le sue luci animate e una incredibile diversificazione culturale, Fortaleza è una città ben sviluppata e possiede delle moderne infrastrutture, porti, un aeroporto internazionale, le migliori catene alberghiere internazionali, centri commerciali, teatri, bar, discoteche, così come ampio verde e aree di svago. Era stata per decenni una destinazione popolare per i turisti brasiliani, ma negli ultimi anni, la fama di Fortaleza sta arrivando a tutto il mondo e il numero di europei, nord e sudamericani che arrivano nel Ceará è cresciuto rapidamente.

Il mare, che corre lungo la città, ha una varietà di attrazioni. Le spiagge urbane più importanti di Fortaleza sono Meireles, Volta e Jurema Mucuripe, collegate tra loro dalla Avenida Beira-Mar. Ci sono edifici moderni, tra cui alberghi di prima classe, numerosi bar sulla spiaggia (barracas) e ristoranti, che servono cucina locale e deliziosi piatti a base di frutti di mare. Praia do Futuro a sud est della città è un'altra spiaggia turistica molto popolare grazie alla sua splendida sabbia bianca e un'atmosfera rilassata di circa 7 km di lunghezza, è quella preferita per la balneazione e il surf. Praia do Futuro è stata resa famosa dalle sue "barracas" (ristoranti rustici costruiti direttamente sulla spiaggia), che offrono un'ottima cucina locale e spettacoli musicali. Beach Park a Ponta das Dunas, appena fuori dalla città, è il parco acquatico più grande del Brasile, ed offre anche uno dei migliori hotel-resort del Brasile.

La spiaggia di Cumbuco è famosa per il wind-surf e per le emozionanti gite in buggy su chilometri e chilometri di dune di sabbia. Una delle tante attrazioni famose in Cumbuco è la "Lagoa do Banana", dove gli ospiti possono godere di numerose attività acquatiche come il kayak, gite in motoscafo e banana-boat sulla laguna. Grazie alle sue attrazioni e la vicinanza con Fortaleza (30 minuti di auto dalla città), Cumbuco è una delle location in Brasile con la maggiore presenza di stranieri in cerca di una residenza. Questo ha causato un boom nel settore immobiliare e delle costruzioni.

Tornando alla città di Fortaleza la stessa è celebrata anche per la sua cultura e per aver mantenuto le caratteristiche architettoniche della fine del secolo. Alcune grandi attrazioni sono gli edifici di Estoril, che ospitano numerosi ristoranti e anche una galleria espositiva. Il Ponte "Dos Ingleses" (ponte degli inglesi) e il Centro Cultural Dragão do Mar, uno fra i più moderni e completi centri culturali del Brasile. Da non dimenticare la Statua di Iracema, uno dei simboli della città.

Proprio come qualsiasi città anche questa non è perfetta al 100%, Fortaleza ha anche molte aree povere, tra cui alcune favelas, ed altre zone pericolose all'interno della città. Quindi è d'uopo stare sempre attenti, lasciare gioielli e preziosi in albergo, portare con sé solo il minimo indispensabile in valuta e non addentrarsi in strade e luoghi non conosciuti.

CURITIBA

Curitiba è una città di 1,5 milioni di abitanti, molti di discendenza europea, e un importante porto. La città risale al 1669, con il primo insediamento europeo e di piantagioni di gomma che portarono ricchezza nell'area fino al declino nel 1920. Oggi la città è nota per le sue importazioni di noci del Brasile, elettroniche e attrezzature di produzione e raffinazione del petrolio.

La città di Curitiba ha a cuore l'ambiente con una innovativa pianificazione urbana con molti parchi e giardini. Uno dei migliori è il giardino "Jardim Botanico", che comprende una serra a due piani a forma di castello. Il Museo botanico all'interno del parco dispone di una vasta gamma di piante esotiche brasiliane.

Una delle attrazioni più famose è il caratteristico trenino che viaggia fra Curitiba e Paranagua. Completato nel 1880, offre un viaggio mozzafiato di tre ore, viaggiando all'interno di 13 gallerie e percorrendo oltre 67 ponti. Lungo il percorso vedrete ruscelli, cascate e una vegetazione vibrante.

Uno dei due treni giornalieri è specificamente per i turisti. Con vetture comode fermandosi appositamente nei punti più panoramici e suggestivi. Un treno regolare, ad un prezzo molto più basso, è inoltre disponibile.

FLORIANOPOLIS

Florianopolis, o Floripa come è anche conosciuta, è la capitale dello stato di Santa Catarina che si trova nel sud del Brasile. Ha un mix vivace e colorato di quello che di meglio ha da offrire il Brasile e si trova tra la città di Porto Alegre e Curitiba. Situato in una ricca distesa agricola la città è una mecca commerciale e culturale. La popolazione nell'area metropolitana dell'isola è la patria di oltre 821.000 persone, mentre la stessa isola è la patria di oltre 400.000 persone. Florianopolis è collegata alla terraferma da un ponte che permette un facile accesso al resto del Brasile e dei paesi confinanti.

La metà settentrionale dell'isola di Florianopolis è la più densamente popolata, mentre la parte meridionale resta più isolata e meno sviluppata. Con più di 100 spiagge di sabbia bianca Florianapolis attira molti americani del Sud all'anno. Sia i voli nazionali che internazionali arrivano e partono dall'aeroporto internazionale "Herciliop Luz". La città è ubicata a circa un'ora di volo da Sao Paulo e da due ore di volo da Rio de Janeiro e ci sono anche voli giornalieri da e per tutte le principali città del Brasile.

Florianopolis ha un'ampia scelta fra alberghi, pensioni e bed and breakfast (pousadas). Ci sono anche i campeggi per i viaggiatori più avventurosi. Per un tocco di lusso con vista sull'oceano potete trovare anche una suite direttamente sulla spiaggia. Ci sono molte attività da fare su questa isola sub-tropicale incluso il volo a vela, kayak, windsurf, kite-surf, escursioni naturalistiche etc...Gli abitanti del posto e i turisti riempiono bar e ristoranti. Al mercato pubblico nel centro la musica dal vivo può essere ascoltata quotidianamente. Secondo gli ospiti abituali dell'isola, il periodo migliore per visitarla è tra Marzo e Aprile.

PERCHE' BRASILE

Il maggior catalizzatore per il recente sviluppo del paese fu la nuova amministrazione del 2003. Questo lungimirante nuovo governo ha creato un'economia favorevole per gli investimenti stranieri promuovendo una politica sia fiscale che di modernizzazione che portano ad una crescita commerciale.

- Il Brasile è un'eccellente scelta per vivere o passare le vacanza con una fantastica qualità di vita
- Non esistono condizioni climatiche estreme come uragani e tsumani e non ci sono rischi naturali come terremoti ed eruzioni vulcaniche.
- Il clima è costante tutto l'anno con una temperatura intorno ai 27°C.

L'Agenzia Standard e Poors - S & P [7], in data 30 Aprile 2008, ha riconosciuto al Brasile, il cosiddetto "selo de qualidade", abbassando il rischio Paese e quindi dando la possibilità di accedere a nuove linee di credito esterne a costi più competitivi, condizione importante per l'attrazione degli investimenti dall'estero. Inoltre, da gennaio 2008, il Brasile è passato per la prima volta nella storia da paese debitore a paese creditore.

Accesso al mercato immobiliare a basso costo

Attualmente il Brasile consente l'acquisto di una proprietà immobiliare a basso costo, generalmente inferiore a quello Italiano. Un appartamento, in base alla tipologia di costruzione e localizzazione, potrebbe venire a costare l'equivalente di un posto macchina in una delle nostre città.

Rivalutazione

È un'opinione largamente condivisa che il mercato immobiliare in Europa e negli Usa abbia raggiunto ormai l'apice del ciclo espansivo degli ultimi anni. Le quotazioni sono molto elevate, c'è chi parla di " bolla immobiliare ", ma è più ragionevole pensare che le quotazioni degli immobili rimarranno stabili nei prossimi anni. Questo fenomeno è ben riflesso nella crisi mondiale iniziata nel 2008. In Brasile invece il mercato immobiliare è solo agli albori della fase espansiva, le quotazioni sono basse e le previsioni di rivalutazione per il futuro sono notevoli.
Secondo la stessa Camera Brasiliana della Industria delle Costruzioni, CBIC [8], già nel 2008 si sono superate le aspettative, sostenute da un rinforzo del mercato negli ultimi anni, espresso anche da un aumento del finanziamento immobiliare che è passato da R$ 2,2 miliardi del 2003 a R$ 25,20 miliardi del 2008. Il credito immobiliare è stato garantito da una base legislativa che nel tempo ha dato sicurezza agli investitori e ai consumatori, riducendo anche la vulnerabilità del Brasile alle crisi, come è stato di recente per quello del mercato nordamericano rispetto alla situazione dei mutui. La stabilità e la continuità della politica economica iniziata con il Piano Real nel 1994, sta continuando nel tempo, riducendo i livelli d'inflazione ed esponendo meno il Brasile alle oscillazioni internazionali. Questa situazione assicura quindi, una maggiore prevedibilità del mercato, condizione essenziale per una maggiore predisposizione alla richiesta di prestiti e finanziamenti.
Lo stesso programma governativo PAC [9] ossia Programma di Accelerazione alla Crescita, lanciato dal Governo nel 2007, spinge a consolidare, in concomitanza con interventi interrelati pubblico – privato, la logistica e le infrastrutture predisponendo a un'espansione del settore delle costruzioni, così come l'aggiudicazione dei mondiali di calcio nel 2014 che incrementerà ulteriormente l'investimento nelle infrastrutture e negli immobili. Inoltre il PIL previsto per il 2009 risulta essere positivo.

Significativo inoltre il programma "Minha Casa, Minha Vida"[10] istituito dal Governo per garantire accesso abitativo alle famiglie con basso reddito, creando 1 milione di nuove abitazioni e stimolando l'indotto delle costruzioni civili. Il deficit abitativo calcolato per circa 7,2 milioni di abitazioni si concentra per il 28,5% a ridosso delle regioni metropolitane.

[7] S & P - Agenzia Standard e Poors – Studio di Consulenza Finanziaria.
[8] CBIC - Câmara Brasileira da Indústria de Construção Tramite studi BACEN, ABECIP, Caixa Economica Federal – Canal do FGTS
[9] PAC – Programa de Aceleração do Crescimento
[10] Programma del Governo Federale – Minha casa, Minha Vida - http://www.minhacasaminhavida.gov.br

Bassi costi di transazione

I bassi costi di transazioni sono garantiti da bassi costi accessori, basse tasse statali nonché notarili e di commissione. Tale situazione permette di attribuire la quasi totalità del capitale investito al valore effettivo del bene immobiliare a differenza di quanto avviene in Italia, soprattutto per quanto riguarda la seconda casa. Si consiglia, comunque, di richiedere preventivi sulle prestazioni professionali offerte, al fine di espletare l'obiettivo della transazione dei diritti e delle proprietà immobiliari senza sorprese.

Importante è affidarsi a studi legali che prevedano al loro interno, a seconda della trattativa intrapresa, diverse figure professionali in grado di svolgere le funzioni necessarie a garantire un risultato esaustivo e soddisfacente.

Sarebbe utile quindi, caso per caso, avvalersi dell'appoggio di professionisti quali legali, avvocati, commercialisti, architetti, notai, di comprovata esperienza professionale e avvezzi a trattative internazionali.

Facilità e sicurezza

Da qualche anno il Brasile attrae investimenti esteri che sono sempre più graditi. Questo consente di acquistare facilmente qualsiasi tipo di bene immobiliare a uso strettamente personale. Non è necessario un certificato di residenza o l'apertura di un conto corrente in loco.
Il Brasile è cresciuto negli ultimi anni anche dal punto della sicurezza della transazione. L'acquisto avviene solo in presenza di contratti giuridicamente perfetti.

Riassumendo:

1) **Non lasciate niente alle vostre spalle, solo problemi ed un incerto futuro..** Oramai in Italia il lavoro è finito, anche quello squalificato. Quello qualificato, che dava piacere oltre alla indipendenza economica, come dovrebbe essere il vero lavoro era già finito da tempo. Dunque niente rimpianti.

2) **Difficilmente in futuro il cambio sarà più favorevole.** Il valore massimo raggiunto durante la prima elezione di Lula è stato di 1euro cambiato a 4reais ma tutta l'America Latina sembrava sull'orlo della bancarotta. L'Argentina era appena fallita, in Venezuela c'era stato il colpo di Stato che aveva deposto il presidente Chaves ed in Brasile, per la prima volta sembrava che l'eterno secondo Luiz Inacio Lula da Silva del temuto Partito dei Lavoratori potesse prendere il potere.

Le cose sono andate poi come sappiamo: l'Argentina ha rinegoziato il suo debito, Chaves è rientrato trionfalmente a Caracas ed è stato rieletto, Lula è effettivamente diventato il nuovo presidente del Brasile, ma, contrariamente ai timori degli economisti, sotto di lui il Brasile ha prosperato come non mai. E' stato indubbiamente fortunato perchè, grazie alla apertura del mercato alla Cina, c'è stata una enorme richiesta di materia prima di cui il Brasile è principale esportatore: soia, minerale di ferro, succo d'aranci, caffè, zucchero.

3) Il costo della vita è ancora relativamente basso. Si vive tranquillamente con 1000 euro al mese e poichè siete sempre in vacanza non spenderete più una cifra per andare al mare una volta l'anno.

4) Gli interessi sui BOT brasiliani, benchè si siano ridotti di molto, sfiorano ad oggi il 10% netto.

5) Il clima è eccellente (almeno al nordest) il che si traduce in una drastica riduzione dei costi per riscaldamento e vestiario. Bermuda, polo e infradito per tutto l'anno! E poi i brasiliani sono cordiali e disponibili. L' età media in Brasile è di 28 anni contro i 43 dell'Italia. E non dimentichiamoci della musica, del cibo eccellente etc….

TROPPO COSTOSO PER TE? QUESTI I FATTI...

- Puoi acquistare una proprietà fronte mare per meno di 50.000€/67.000$
- Una cena per 2 persone in un ristorante di buona qualità con vino costa 10€/14$
- Una bottiglia di birra brasiliana costa 73cents€/99cents$

Molte persone che visitano il Brasile ritornano ancora e ancora. Le ragioni sono molte e varie.

- Per l'ospitalità e l'allegria del popolo brasiliano
- Le bellezze del paese
- Le spiagge da mozzafiato
- Il clima perfetto, nel nord est del paese c'è caldo tutto l'anno
- Il favorevole cambio per fare shopping, mangiare e il basso costo di vita
- L'economia in forte crescita
- La grande vita notturna
- La qualità del cibo
- Per gli innumerevoli ed infiniti sports

PROSPETTIVA

Il governo brasiliano vede il turismo come una delle maggiori risorse ed entusiasticamente lo promuove. Il ministro del turismo si è insediato nel 2003 iniziando a promuovere le potenzialità del paese come destinazione per le vacanze sia domestiche che estere. Il numero dei turisti è aumentato dai 3.7 milioni del 2002 ai 5.5 milioni del 2005. Questo è uno stupendo aumento del 48% ed una ragione di festa per gli investitori.

OBBIETTIVI

Con il piano governativo di espansione turistico sono stati investiti più di $736 milioni in infrastrutture; con l'espansione di molti aeroporti, restaurazione di importanti siti storici vari progetti di preservazione ambientale.

Le principali mete del Piano governativo di espansione turistica brasiliano sono:

- Attrare più di 9 milioni di turisti per anno
- Creare 1.200.000 nuovi posti di lavoro
- Ricevere 8 bilioni di dollari in investimenti stranieri
- Diversificare il turismo offrendo agli investitori nuovi progetti turistici come ad esempio turismo rurale e eco-sportivo
- Incrementare la spesa media di ogni turista
- Incrementare il numero di voli domestici a 5 milioni per anno
- In un recente sondaggio il 96% dei turisti che hanno visitato il Brasile hanno dichiarato che ritorneranno nel paese del Samba!

RITORNO DELL'INVESTIMENTO

- Investire in 365 giorni di sole l'anno
- Acquistare proprietà in Brasile è sicuro come acquistare proprietà in Europa.

- L'intera regione del Nord-Est ha un appeal mondiale ed ha già attirato turisti dalla Spagna, Portogallo, Italia, Francia, Olanda, Svezia, Norvegia, Danimarca, Finlandia, Germania, Usa, Giappone, Svizzera, Inghilterra, Argentina e recentemente paesi dell'est Europa e India, senza dimenticare la grossa fetta di mercato occupata dal turismo domestico.
- Numerosi campi di golf e resort di lusso sono in costruzione nello stato del Rio Grande Do Norte per attirare anche questo segmento di mercato di turismo d'elitè.
  Alcuni esempi:
  - Lagoa do Coelho Resort
  - Palmeira Golf Resort
  - Cabo de Sào Roque Resort
  - Jacumà Beach Resort
  - Grand Natal Golf
  - Portal do Brasil Resorts
- Con l'apertura del nuovo aeroporto previsto per il 2012 nella zona nord di Natal ci sarà un incremento nel numero dei turisti alla ricerca di soluzioni di alto livello
- Essendoci nell'area una numerosa rappresentanza di classe alta brasiliana, il mercato immobiliare in Natal beneficerà anche di un buon mercato immobiliare Interno
- Il numero di turisti che hanno visitato il Brasile sono aumentati del 50% fra il 2002 e il 2005

PERCHE' ACQUISTARE ORA

"Negli scorsi 5 anni il mercato immobiliare ha avuto una rivalutazione del 20% annua ed è una tendenza che continuerà per i prossimi 8 anni"- tendenza di mercato.

Il mercato immobiliare nel Nod Est è ancora molto giovane, ed è proprio questo fattore che lo rende così proficuo per gli investitori che investiranno prima che si inverti la tendenza.

NATAL: UN RESORT DEL FUTURO

- Seguendo il cammino tracciato dal governo nazionale, il governo locale è stato anche estremamente attivo nel promuovere e supportare le iniziative turistiche e l'area è stata protagonista della creazione di molte nuove infrastrutture e di nuove località turistiche.
- L'attuale aeroporto di Natal (Severo Ochoia) si trova a 35 min. dai maggiori resort. Il nuovo aeroporto "Sao Gonzalo Do Amarante", inaugurazione prevista entro il 2012, è destinato ad essere il più grande aeroporto commerciale in America Latina. L'aeroporto sarà il maggior HUB di tutto il Sud America e consoliderà Natal come la prima destinazione turistica in Brasile.
- Nei prossimi 5 anni più di 1.8 billioni di dollari saranno investiti nella creazione di nuovi hotels, campi di golf e resorts solamente nell'area di Natal-Rio Grande Do Norte
- Il nuovo ponte di Natal (The Ponte de Todos-Newton Navarro), inaugurato fine 2007, è stato realizzato con l'intenzione di unire Natal alle spiagge di Redinha e conseguentemente con tutte le spiagge dell'area nord, facilitandone l'accesso sostituendo il meno efficiente servizio con ferry-boat. Questa imponente nuova infrastruttura ha avvicinato il centro di Natal alle spiagge dell'area Nord di 10Km.
- Il turismo domestico è anche molto forte nel Nord-est del Brasile. In Gennaio 2005, Natal ha ricevuto 197 voli domestici, più di 6 al giorno ed in un anno più di 1.7milioni di turisti brasiliani di altri stati sono arrivati nel Rio Grande Do Norte.

NATAL

- Natal è il punto più vicino all'Europa
- Solo 8 ore di volo
- Localizzato nel Nord-est del Brasile
- Clima mite tutto l'anno con temperatura media di 27c°

reso perfetto da una leggera brezza perenne
- Ospiterà l'ottavo maggior aeroporto del mondo, aeroporto "Sao Gonzalo", prevista inaugurazione fine 2012
- Fortissima potenzialità di crescita del mercato

INVESTIMENTI IMMOBILIARI IN BRASILE

Unanime resta comunque l'idea che uno dei miglior investimenti oggi realizzabili e soprattutto alla maggiore portata del normale investitore straniero, è quello di tipo immobiliare.

In Brasile, data l'enorme estensione territoriale, la grande variabilità climatica dal tropico all'equatore, la popolazione differenziata per classi, razza, origine sociale e cultura, non è possibile fare una classificazione esaustiva standardizzata e sintetica generale del mondo abitativo, molto complesso e variegato per tipologia e modello di consumo.

Tuttavia si può fare una macro distinzione del mercato immobiliare in Brasile, tramite questa classificazione distinta prevalentemente in queste tipologie:

- Costruzioni di abitazioni a basso costo. Questi progetti sono spesso finanziati dal Governo Federale oppure da costruttori specializzati in case di dimensione molto ridotta.
- Investimento Immobiliare Residenziale destinato alla nuova classe media, che negli ultimi due anni ha raggiunto oltre 30 milioni di persone con un reddito medio di oltre 700,00 Euro procapite. Questo tipo di costruzione si concentra nei dintorni delle grandi capitali.
- Investimento Immobiliare Residenziale e Turistico destinato alla domanda nazionale ed internazionale per una seconda o terza casa di villeggiatura. Le zone privilegiate sono localizzate nella regione del Nord Est dove il clima è favorevole 12 mesi all'anno.
- Investimento Immobiliare Commerciale e Produttivo e delle infrastrutture. Questo segmento è in forte sviluppo in tutte le zone del Brasile.

Quanto rende un investimento immobiliare in Brasile? Gli immobili in Brasile negli ultimi due anni hanno duplicato, in alcuni casi, il loro valore: e una grossa crescita è ancora prevista per i prossimi anni. Secondo alcune organizzazioni immobiliari specializzate in proprietà nel Nord Est e nella stessa Amazzonia, è proprio il Brasile (i prezzi delle proprietà sono i più attrattivi del continente americano) ad offrire le migliori opportunità.
L'inflazione è sotto controllo e sta diminuendo; nel 2008 è stata del 5,9%[1]. Inoltre il processo di democratizzazione, la stabilità monetaria e il diminuito rischio Paese, saranno in grado di rendere più appetibile l'ingresso di capitali dall'estero. Gli economisti prevedono 5 anni di crescita continua.
Anche la celebre rivista statunitense Forbes[2], autorevole voce nel mondo dell'economia e famosa per le sue graduatorie, ha collocato il Brasile, tra i paesi migliori per investire. Infatti, gli Investimenti Diretti verso il Brasile (IED), hanno raggiunto la soglia nel 2008, di ben 43.866 milioni di USD $, raggiungendo la cifra record di Riserve Internazionali con ben 205.045 milioni di USD $[3]. L'Italia, nel 2008 al 21° posto, ha investito circa 326 milioni di USD $. E' al 10° posto in graduatoria delle maggiori Economie Mondiali.
Come nel resto del mondo, l'industria edilizia in Brasile è macro generale pro-ciclica, capace di oscillare da un'improvvisa impennata, come si è verificato nel 2005 e tuttora ma capace anche improvvisamente di invertire la tendenza. Questo continuo cambiamento è in gran parte da spiegare con una sottostima del potenziale immobiliare che, negli ultimi anni, ha subito alti tassi di interesse e disponibilità economica limitata. Tuttavia, il tasso di interesse dinamico in Brasile pare tendere verso un segnale positivo accompagnato da un controllo sull'inflazione e conseguente diminuzione dei tassi. Ciò comporta un'estensione graduale della curva di rendimento.

[1] IBGE - Instituto Brasileiro de Geografia e Estatística / IPCA - Inflazione 2008 - www.ibge.gov.br
[2] Forbes - Rivista statunitense di economia e finanza fondata nel 1917 da B.C. Forbes.
[3] Banco Central do Brasil – Elaborazione dati sugli investimenti esteri diretti - www.bcb.gov.br

La chiave della lunga durata dello sviluppo del settore immobiliare è anche un risultato del profilo demografico del Brasile. Secondo l'IBGE, la popolazione del Brasile dovrebbe svilupparsi a CAGR dell'1.2% nei prossimi 20 anni, evidenziando che il target d'acquisto (di età compresa tra i 25 e 49 anni) per il settore residenziale dovrebbe crescere dell'1.5% CAGR.
La domanda di abitazioni civili ha avuto un *boom* grazie alle iniziative governative dirette a ridurre i tassi di interessi e a facilitare l'accesso al credito. Ciò ha provocato una crescita delle costruzioni civili. Inoltre, la crescita economica degli ultimi anni, si ricorda che il Brasile ha chiuso l'anno 2008 con un PIL del 5,1% [4], sta favorendo ulteriormente la propensione al consumo.

[4] IBGE - Instituto Brasileiro de Geografia e Estatística – Dato Ufficiale - www.ibge.gov.br

Secondo poi la classificazione economica per classi, definita in A, B, C, D. E della popolazione, la categoria della classe media catalogata come C [5], si è vista incrementare di ben 10 punti percentuali, passando dal 36% del 2006 al 46% del 2007. Questo significa un aumento del potenziale d' acquisto omologabile a quello della classe media, per circa 20 milioni di persone. Se si considera che la popolazione ad oggi è di 191 milioni circa [6], il potenziale di consumo risulta notevole. Ben 86 milioni di persone circa fanno cioè parte della classe media.
È tuttavia molto importante sottolineare che il settore degli investimenti immobiliari deve essere analizzato individualmente per ogni stato del Brasile. La dimensione di questo immenso paese, la sua popolazione molto variegata, le diverse zone geografiche, le differenze economiche e sociali tra stati e stati, tra le macro regioni, la differenziazione culturale ed etnica presente, difficilmente permettono all'investitore di utilizzare dati mediani nazionali capaci di esprimere l'eterogeneità delle situazioni.

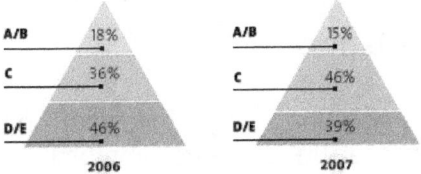

Fonte: Cetelem e Ipsos

IL MERCATO IMMOBILIARE

Prima di investire è importante valutare accuratamente opportunità e rischi del mercato. Alte aspettative di ROI (Return On Investment) possono essere rischiose.

Il mercato primario

Il mercato primario consiste nell'acquisto di un immobile finito o in fase di costruzione con domanda di "incorporazione" già registrata presso il registro degli immobili. L'incorporazione immobiliare è l'attività realizzata con la finalità di costruire, per la successiva vendita parziale o totale, edificazioni composte da unità immobiliari autonome. Essa è disciplinata dalla legge locale n° 4.591 del 16.12.1964, così come modificata dalla legge n° 4.864/1965.
È necessario analizzare bene la qualità della costruzione così come la localizzazione del terreno. In questo caso il saldo di bilancio si basa unicamente sull'affitto e sulla rivalutazione dell'immobile, limitando molto i rischi dell'investimento. Questa fase potrebbe costituire il primo passo per acquistare fiducia nel mercato e capirne bene i procedimenti.

47

Il mercato secondario

Questo mercato è destinato agli investitori più esperti, che decidono di realizzare un progetto immobiliare completo. In questo caso bisogna avere un'ottima nozione della gestione di progetti di costruzione e delle tecniche di vendita che saranno utilizzate, oltre ovviamente a un'oculata gestione finanziaria.
È opportuno ricordarsi che in Brasile i soldi "costano" quindi la tempistica è fondamentale per il successo di un progetto immobiliare. È fondamentale conoscere molto bene il concetto di "incorporazione " immobiliare per il successo del progetto. Questo mercato non è facilmente accessibile senza la collaborazione di una società con sede in Brasile che amministri l'operazione.
Esistono indici di mercato da prendere in considerazione come l'INCC (indice nazionale dei costi alla costruzione) che allertano sull'aumento del costo della costruzione. Non possono essere applicati i concetti di "Business Plan" italiano al mercato brasiliano poiché le variabili di rischio sono molto diverse.

ACQUISTARE PROPRIETA' IN BRASILE

- **Acquisto di proprietà da parte di stranieri**

Non ci sono restrizione per gli stranieri nell'acquistare proprietà immobiliari residenziali e/o commerciali e le autorità Brasiliane incoraggiano gli investimenti stranieri. Ci sono alcune limitazioni riguardo specifiche aree come territori della marina, isole, terreni agricoli e aree sulle zone di confine del paese.

- **Registro dei terreni**

Le proprietà sono registrate in Brasile attraverso un notaio pubblico, sotto il controllo della giustizia. Ogni proprietà può essere registrata con un solo numero di registro che identifica lo storico dell'intera transazione e l'identificazione fisica di ogni proprietario. Questa informazione può essere verificata da chiunque e perciò molti brasiliani acquistano e vendono proprietà senza l'assistenza di un avvocato o consulente, <u>comunque è fortemente raccomandato per uno straniero</u> acquistare proprietà con l'ausilio di un consulente qualificato.

- **Tasse**

Sul lucro realizzato su una vendita si ha una tassazione pari al 15%. Le spese notarili vanno da un range dal 2% al 5%, la tassa di passaggio di proprietà anch'essa varia da un 2% al 5%, la tassa annuale di proprietà è di circa un 0.5% del valore della stessa.
L'eventuale rendimento derivante da un immobile è tassato nel Paese dove ha sede.
Esistono infatti degli accordi Ocse per evitare la doppia imposizione ai quali aderiscono anche i contratti tra Italia,

Brasile e Argentina. In ogni caso, un'eventuale rendita dovrebbe essere inserita nel rigo RW della dichiarazione dei redditi. Se il fisco verifica che le tasse sono state pagate in uno dei due Paesi non è prevista alcuna tassazione in Italia. Ma dove conviene pagare le tasse? Si tenga presente che in Italia alle persone fisiche con un reddito derivante da terreni e immobili si applica un'aliquota che va dal 23 al 43 per cento. Mentre in Brasile l'aliquota va dal 15 fino al 27,5 per cento per le rendite prodotte da affitti.

- **Assistenza immobiliare**

Comunque, raccomandiamo a chiunque consideri di acquistare proprietà in Brasile di affidarsi ad un consulente immobiliare qualificato.

COME SCEGLIERE UN AGENTE IMMOBILIARE

Gli intermediari riconosciuti hanno un numero di registrazione CRECI omologabile alla nostra federazione italiana per agenti di mediazione immobiliare. Ogni stato ha un suo organo competente che mantiene il registro dei professionisti abilitati (www.creci.org.br). Una prima ricerca potrebbe partire da qui.
Le tipologie di figure presenti sono:
Administradoras - Agenzie specializzate nell'amministrazione di immobili sia a livello individuale che condominiale.
Imobiliárias - Agenzie immobiliari.
Corretores – Agenti immobiliari.
Nel caso in cui si debba fare un investimento è consigliabile fare controlli incrociati con avvocati, banche, costruttori e professionisti per avere più referenze possibili.
Come stranieri si tende ad avere maggior fiducia in altri stranieri; in Brasile specialmente in zone turistiche ne risiedono moltissimi.
E' possibile che questi "agenti immobiliari" siano improvvisati e non abbiano la necessaria esperienza o peggio cerchino di guadagnare una commissione finendo per non fornire informazioni esaustive, chiare e sicure.

INFORMAZIONI UTILI SULL'ACQUISTO

Per acquistare una proprietà in Brasile la prima cosa da fare è ottenere un numero di identificazione chiamato CPF(simile al nostro codice fiscale). Possiamo consigliarvi e guidarvi nei passaggi per ottenere il vostro CPF e durante il vostro soggiorno in una mattinata farvelo avere.

ASPETTI LEGALI DI ACQUISTO DI UNA PROPRIETA'

Acquisto da parte di stranieri

La Legge Brasiliana non distingue tra brasiliani e stranieri per quanto attiene alla proprietà dell'immobile e ai diritti acquisiti su di esso con l'acquisto. Solo i governi stranieri non possono possedere immobili o terreni se non quelli atti a ospitare la propria rappresentanza diplomatica in Brasile. Il divieto indicato per i governi stranieri è espresso nella LICC – legge d'introduzione del Codice Civile, nel suo articolo 11 § 2° e 3°.

E' di fondamentale importanza evidenziare che, i fini dell'acquisto di un immobile in Brasile sia da parte di persone fisiche che da parte di persone giuridiche è necessario che queste ultime abbiano un procuratore residente in Brasile abilitato a ricevere citazioni.

Anche se non sono residenti, gli stranieri, in linea generale, hanno gli stessi diritti e gli stessi doveri dei brasiliani.

Il documento necessario per l'acquisto di un immobile da parte di cittadino straniero persona fisica è il codice fiscale locale o CPF, sulla base di quanto disposto dal Decreto n. 3.000/99, art. 33, paragrafo 1° e della "Instrução Normativa da Receita Federal" n° 190/2002, art. 2°, X, "a". Per ottenere tale documento in loco, è necessario produrre un certificato di nascita con annotazione a margine del nome dei genitori, oltre ad una copia autentica del passaporto integrale ed una procura speciale ad hoc per atto pubblico. Il certificato di nascita dovrà essere previamente autenticato dalla Prefettura e successivamente legalizzato dal Consolato Brasiliano in Italia. La procura dovrà essere previamente autenticata dalla Procura della Repubblica e successivamente legalizzata dal Consolato, mentre il passaporto, invece va autenticato e poi allo stesso modo legalizzato.

E' anche possibile aprire il CPF dall'Italia. Tutte le istruzioni e il modulo da compilare "on line" si trovano in: www.brasilemilano.it e www.consbrasroma.it nelle rispettive sezioni servizi consolari – CPF. Dopo la compilazione, il modulo va stampato e consegnato alla rappresentanza diplomatica del Brasile in Italia (Ambasciata o

Consolato) e il CPF dovrebbe arrivare entro 80 giorni. Ulteriori informazioni si possono richiedere a: consbras@consbrasroma.it (Consolato Generale del Brasile a Roma) consolare@brasilemilano.it (Consolato Generale del Brasile a Milano)
Quando ad acquistare un immobile, invece, sia una società straniera, oltre alle limitazioni presenti nella normativa brasiliana per quanto concerne gli immobili rurali, allo stesso modo sarà necessario che la stessa ottenga l'iscrizione al codice fiscale locale od CNPJ - "Cadastro Nacional Pessoas Juridicas" mediante iscrizione al CADEMP della Banca Centrale, per la qualcosa occorrono i seguenti documenti: Certificato Camerale – CCIAA (Camera di Commercio) aggiornato in cui constano i dati dell'azienda anche qui seguendo l'iter della legalizzazione come evidenziato nel sito del Consolato.

Titolo di proprietà e registro immobiliare

Il trasferimento della proprietà immobiliare in Brasile, si realizza per mezzo di un atto pubblico di acquisto " Escritura Pública de Compra e Venda", stipulato dagli Uffici Notarili locali presso il "Cartório do Registro de Imóveis"e successiva registrazione presso la competente Conservatoria dei Registri Immobiliari, nel termine dei successivi 30 giorni.
La proprietà, conseguentemente, si trasferisce esclusivamente mediante il registro del titolo traslativo della proprietà nei Registri Immobiliari, in conformità all'art. 1.245 c.c. locale, che così recita: si trasferisce la proprietà tra vivi mediante il registro del titolo traslativo nel "Registro di Immobili".
Paragrafo Primo: Sino a quando non sarà effettuato tale registro, l'alienante continuerà ad essere considerato il proprietario dell'immobile. La legge che regolamenta i Registri Pubblici è la n° 6.015 del 31 Dicembre 1973.

Presso la Conservatoria dei Registri Immobiliari "Registros Públicos" si trovano registrati, altresì, i dati degli immobili, ovvero gli estremi identificativi di ciascun immobile, individuati da un numero specifico, (documento denominato "Matrícula") da cui si evince la titolarità storica dello stesso, sin dalla data della sua identificazione, con tutta la relativa cronistoria, nonché l'esistenza di qualsiasi tipologia di vincolo (ipoteca, pegno, tra l'altro) che possa onerarlo. Tale numero, è presente solo per le proprietà che sono state coinvolte in qualche transazione legale o finanziaria dopo il 31 Dicembre 1973. Sono necessari circa 3 giorni per ottenere una matrícula presso un "Cartorio".

Conseguentemente, ogni e qualsiasi operazione di compravendita avente ad oggetto l'immobile deve rivestire la forma di legge prevista dalla locale normativa (atto pubblico), e per essere valida, deve essere trascritta in tali libri, mediante specifica richiesta del Notaio (nell'ipotesi di compravendita od atti pubblici), oppure dalla parte direttamente interessata.

Per la redazione dell'atto pubblico sono previsti costi notarili, calcolati proporzionalmente al valore dell'immobile, oltre all' ITBI (Imposto sul trasferimento di Beni Immobili) la cui aliquota varia da Municipio a Municipio (e comunque tra il 2% e 7% del valore dichiarato) e l'imposta di registro per la trascrizione dell'atto.

E' importante evidenziare, inoltre, che l'art. 53 della legge n. 8.078/90, prevede che i contratti di compravendita, dovranno prevedere il prezzo di trasferimento in moneta nazionale. Conseguentemente, è vietato stipulare la vendita di immobili in moneta straniera. La prassi prevede che le parti sottoscrivano preventivamente un contratto preliminare che ha effetti obbligatori tra le stesse e nel quale vengono indicati i numerosi documenti relativi alla persona del venditore ed all'immobile, che devono essere previamente analizzati per poter garantire un buon acquisto.

Tale contratto preliminare, se registrato, produrrà effetti reali, non nel senso del trasferimento della proprietà ma delle possibilità di esercitare il diritto di trasferimento coattivo nell'ipotesi di rifiuto del venditore, chiaramente, una volta pagato il prezzo stipulato.

Normalmente in Brasile, è l'avvocato che presta l'assistenza giuridica necessaria in questi casi, fermo restando che l'atto sarà

elaborato dal Notaio il quale verifica l'identità delle parti e la legittimità del diritto di proprietà di colui che aliena l'immobile, non entrando nel merito dell'esistenza di eventuali azioni processuali, esecuzioni fiscali, oneri e gravami, tra l'altro.
In alternativa e' possibile fare una scrittura privata davanti a un notaio che serve a certificare le firme e la data, senza pero' fare verifiche sul registro o certificazioni sul contratto. Questa scrittura e' solo vincolante tra le parti e non puo' essere opposta a terzi (e non viene segnalata all'ufficio delle imposte) anche se e' possibile registrarla al "registro de notas e documentos" in modo che i terzi la possano vedere, In ogni caso, questa modalita' non garantisce il titolo di proprieta', che ripetiamo e' certa solo nel momento di iscrizione al registro immobiliare nel quale sara' possibile vedere un estratto del contratto.

Non esiste assolutamente alcun tipo di riservatezza. Chiunque può richiedere, senza alcun tipo di motivazione particolare, dati inerenti la proprietà di un terreno.
Il notaio generalmente richiede un certo numero di certificati per procedere a una valida transazione. Per ottenere i certificati si devono preventivamente eseguire alcuni controlli. Generalmente queste verifiche vengono effettuate attraverso la presentazione di una copia della matricola e inserendo il codice fiscale (CPF) del venditore in una serie di siti governativi. Si possono così verificare le varie posizioni tributarie degli attori che partecipano al contratto stabilito.
Il notaio (Tabelião) non è tenuto a fare le verifiche del caso, ma sarà compito del venditore o del compratore produrre la documentazione richiesta prima che il notaio accetti di redigere l'atto.

A) Controlli presso il "Registro"

Si devono richiedere al venditore il numero di "matricula" dell'unità, che raccoglie la descrizione e localizzazione dell'immobile, i dati del proprietario e lo storico dei passaggi di proprietà. Tramite la matricula, si richiede al "Registro" la

"Certidão Negativa de Onus Reais", che attesta l'inesistenza di ipoteche e altri oneri e azioni reali.

B) Controlli presso la "Prefeitura" (Comune)

E' necessario individuare preliminarmente il numero di "Inscrição Municipal", dal quale si puó risalire alla "planta" del terreno o della casa. Occorre poi richiedere la "Certidão Negativa de tributos Municipais" che indica l'esistenza/non esistenza di debiti derivanti dal mancato pagamento dell'"IPTU"(Imposta omologabile all'ICI in Italia). Il debito che sorge dal mancato pagamento di questa tassa si trasferisce dal precedente proprietario al nuovo acquirente. Si tratta pertanto di debito reale, che segue l'immobile.

C) Controlli sul Venditore

Per quanto concerne i documenti da produrre, del venditore persona fisica, dovranno essere prodotti i seguenti documenti:

1) Certificati Negativi da Richiedere in Tribunale relativamente alle azioni civili di esecuzione civile e di famiglia;
2) Certificati negativi da richiedere in Tribunale relativamente alle azioni civili di esecuzioni fiscali statali e municipali;
3) Certificati negativi da richiedere in Tribunale relativamente alle azioni civili di fallimento e concordati;
4) Certificato negativo della Giustizia del lavoro;
5) Certificato negativo relativamente alle azioni criminali;
6) Certificato negativo della Giustizia Federale (Azioni civili e criminali - Certidão de Ação Civil);
7) Certificato negativo della Receita Federal (Certidão de Execuções Penais e da Fazenda);
8) Certificato di Protesto degli ultimi 10 anni presso gli uffici di protesti; (Certidão Negativa de Protestos);

Per il venditore persona giuridica, si richiederà, oltre a tutti i documenti sopra indicati per le persone fisiche, anche il certificato

negativo di INSS (debiti di natura previdenziale) , il contratto sociale ed eventualemnete, i documenti relativi ai soci, quali la "Certidão de Falência e Concordata", "Certidão Negativa de Débito de INSS" e la "Certidão Conjunta de Débitos Relativos a Tributos Federais".
Inoltre può essere necessario effettuare ulteriori controlli a seconda dei casi. Se si sta trattando una casa inserita in un condominio, bisogna accertarsi che esista la persona giuridica del Condominio registrata presso il "Registro" e che sia registrata la "Convenção do Condominio" (Convenzione del Condominio), che regola, insieme al codice civile e al "Regimento Interno", i diritti e doveri dei condomini.
È necessario inoltre, accertarsi con il "Síndico" (amministratore) o l'"Administrador" rilascino una dichiarazione nella quale si afferma che tutte le spese condominiali del precedente proprietario sono state pagate. È bene sapere inoltre che, se per esempio, una certidão attestasse la presenza di un'ipoteca, si può rogitare ugualmente, ma nell'atto apparirà la menzione, inserita dal Notaio, che sull'immobile grava un'ipoteca. Pertanto i certificati hanno la funzione di rendere edotto il compratore sui possibili rischi della transazione.
Infine, per acquistare terreni edificabili, bisogna tenere conto che prima di arrivare alla licenza di costruzione (Alvarà de Construção), potrebbe venire richiesto parere favorevole da parte dii vari organismi tra i quali l' HYPHAN (Istituto a tutela del patrimonio storico brasiliano), il Meio Ambiente Municipal (Istituzione del Comune che tutela l'ambiente), il Meio Ambiente Estadual (Organismo Statale che tutela l'ambiente) e l'IBAMA (Organismo Federale a tutela dell'ambiente).
E' consuetudine comunque che il compratore e il venditore prima facciano una scrittura privata, un preliminare nella quale dovrebbero essere inclusi gli obblighi del venditore ad assicurare la trascrizione del titolo una volta ricevuto tutto il pagamento. A questo punto della transazione è uso versare una caparra, preferibilmente non molto alta, per evitare la possibilità che l'immobile venga venduto ad altri.
È previsto, inoltre, dalla legge locale (art.418 c.c.) che se una delle parti recede dopo la firma di questo preliminare, sarà tenuta

a pagare l'ammontare del deposito all'altra parte in doppio a titolo di indennità.

Assistenza di un legale
L'unico compito da delegare a un legale, premesso che la proprietà abbia una "matrícula" nel registro immobiliare, è l'ottenimento di una sua copia e la verifica di alcuni certificati.
Per l'assistenza legale è prassi chiedere dall'1% al 3% del valore dell'immobile, ma in casi semplici, è meglio concordare precedentemente l'onorario.
Nel caso in cui dovessero emergere problemi particolari è consigliabile avvalersi dell'assistenza di un avvocato specializzato e magari di un topografo e di un contabile. È comunque sconsigliabile acquistare una proprietà con documentazione incompleta o sulla quale ci siano vincoli, a meno che l'acquisto sia estremamente conveniente e ci si possa garantire la regolarizzazione dei documenti.
Da adottare sempre invece la massima cautela nelle stipule dei contratti di locazione, statuti societari, ecc. per non incorrere in inconvenienti.

INVESTIMENTI STRANIERI IN BRASILE

Ai sensi della legge brasiliana, sono considerati investimenti stranieri i conferimenti in denaro, le risorse finanziarie e ogni altro bene introdotti in Brasile da soggetti stranieri e destinati alla produzione di beni o alla fornitura di servizi. Gli investitori stranieri possono essere sia persone giuridiche che fisiche. L'investimento straniero in Brasile può assumere le vesti di investimento diretto oppure indiretto, nonché di prestito internazionale, finanziamento esterno o leasing internazionale.

Restrizioni alla partecipazione del capitale straniero in Brasile

Ai sensi della Costituzione Federale Brasiliana, vi sono delle aree nelle quali l'investimento straniero è fortemente limitato, in particolare:

- servizi postali e corrieri aerei internazionali;
- servizi di assistenza sanitaria;
- giornalismo;
- attività commerciali vicino ai confini internazionali;
- trasporto aereo e agenzie di trasporto di carico aereo;
- attività nel settore estrattivo minerario;
- istituti di credito;
- assicurazioni

A seguito della modifica della Costituzione Federale del 1995, per favorire gli investimenti stranieri, sono stati aperti al capitale straniero settori prima riservati alle società brasiliane. In particolare:
- è stato sancito il principio di parità di trattamento tra società a capitale nazionale e straniero;
- sono stati aperti al capitale straniero i settori delle telecomunicazione, radiodiffusione e TV;
- sono state rese più flessibili le norme in materia di partecipazione straniera nel settore del gas e del petrolio;

- sono state eliminate le restrizioni alla partecipazione straniera nel settore della navigazioni di cabotaggio.

Registro dell'investimento straniero

Vi è l'obbligo di registrare l'investimento straniero presso la Banca Centrale Brasiliana (BACEN), ai sensi dell'articolo 3 della Legge 4.131/62. La registrazione consente, alle condizioni di legge, di potere rimpatriare, ogni qual volta si ritenga necessario, il capitale in valuta.

Secondo le nuove disposizioni in materia, per la registrazione degli investimenti è sufficiente depositare una semplice dichiarazione presso la BACEN entro 30 (trenta) giorni dall'arrivo degli investimenti stessi in Brasile. La registrazione avverrà nella valuta di origine dell'investimento.

Sono sottoposte a registrazione obbligatoria presso la BACEN anche i contratti stipulati con fornitori e finanziatori non residenti in Brasile a titolo di trasferimento di tecnologia, licenza d'uso o cessione di marchio, licenza di sfruttamento di brevetti, franchising, ecc.

Inoltre, sono sottoposte alla registrazione obbligatoria presso la BACEN l'acquisto di beni all'estero con pagamenti dilazionati di oltre 360 giorni e altri tipi di operazioni di finanziamento.

La registrazione avviene tramite un sistema molto semplice, via internet, denominato SISBACEN.

Investimenti in valuta

L'investimento in valuta avviene tramite trasferimento diretto della valuta in Brasile. La registrazione avviene direttamente tramite il suddetto sistema SISBACEN.

Questa modalità di investimento è utilizzata per la sottoscrizione ed integrazione del capitale sociale di società costituite in Brasile da soci stranieri, nonché per l'acquisto di partecipazione in

società già ivi costituite.
L'investimento è registrato nella valuta di origine.

Capitalizzazione di crediti esteri

Vi è la possibilità di convertire in investimenti stranieri i crediti ottenuti all'estero (a seguito di importazioni, finanziamenti, ecc.). Qualora le operazioni di finanziamento estero siano state registrate presso la Banca Centrale Brasiliana, attraverso una semplice procedura, possono essere convertite in partecipazioni societarie in società brasiliane, le quali saranno considerate alla stregua di investimento estero. Qualora, invece, i crediti non siano stati registrati presso la BACEN dovrà essere eseguita una procedura di autorizzazione specifica a cura di quest'ultima.

Conferimento di beni

Questa modalità di investimento riguarda l'importazione di macchinari e attrezzature da destinarsi alla produzione di beni e/o alla fornitura di servizi in Brasile, ivi compresi i pezzi di ricambio e altra componentistica.
La modalità di registrazione di questo tipo di investimento è simile a quella prevista per gli investimenti in valuta.
Entro 30 giorni dalla capitalizzazione del bene occorre registrare l'operazione presso la Banca Centrale Brasiliana. L'operazione è considerata alla stregua di un investimento straniero.
Il valore dell'investimento da registrarsi sarà pari al valore FOB (in valuta estera) risultante dalla fattura emessa dall'investitore, escluse le somme risultanti da assicurazione e trasporto. Ove si intenda anche registrare le somme pagate a titolo di assicurazione e trasporto sarà necessaria un'apposita autorizzazione dell'Istituto Brasiliano delle Assicurazioni.

Conferimento di tecnologia

Questa modalità riguarda l'investimento tramite il conferimento di tecnologia,licenza di uso o sfruttamenti di brevetti e di marchi. La registrazione dell'investimento, tuttavia, è condizionata all'approvazione del contratto da parte dell'Istituto Nazionale della Proprietà Industriale (INPI).
Il valore del contratto di trasferimento di tecnologia può essere liberamente determinato dalle parti, ma, tuttavia, sottoposto alla severa fiscalizzazione dell'INPI.
La legge brasiliana non limita il trasferimento di valuta all'estero per il pagamento delle royalties relative a contratti regolarmente registrati presso l'INPI, sia che si tratti di rapporti tra parti autonome o facenti parte di un gruppo economico.
L'aliquota fiscale applicata sulle royalties può arrivare a toccare la punta massima del 25%.

Trasferimento di utili all'estero. Accordi internazionali per evitare la doppia imposizione fiscale

Non ci sono restrizioni al trasferimento degli utili all'estero. Inoltre, gli utili e i dividendi distribuiti dopo il 1996 non sono sottoposti a tassazione.
Il Brasile ha stipulato Accordi Internazionali per evitare la doppia tassazione con i seguenti Paesi:

Germania
Argentina
Austria
Belgio
Canada
Cina
Corea del Sud
Danimarca
Spagna
Filippine

Finlandia
Francia
Olanda
Ungheria
India
Italia
Giappone
Lussemburgo
Norvegia
Portogallo
Repubblica Ceca
Slovacchia
Svezia

Re-investimento degli utili da parte degli investitori stranieri in Brasile

Gli utili ottenuti dagli investimenti stranieri, regolarmente registrati, possono essere liberamente reinvestiti in Brasile, sia nelle stesse società che li hanno distribuiti, sia in altre società. Il suddetto re-investimento sarà considerato alla stregua di investimento straniero.

Rimpatrio degli investimenti stranieri

Il rimpatrio dell'investimento straniero - regolarmente registrato - non è sottoposto a restrizioni di nessun genere. Trattandosi di partecipazione in società, esso può avvenire tramite la cessione della partecipazione a terzi oppure tramite la liquidazione della società che ha ricevuto l'investimento straniero.
Non è prevista nessuna tassazione sull'investimento rimpatriato.
Il trasferimento all'estero può avvenire nella stessa valuta nella quale l'investimento è stato registrato presso la Banca Centrale Brasiliana.

Cessione all'estero di partecipazione in società brasiliane

Le partecipazioni straniere in Brasile possono essere liberamente cedute anche all'estero, ed indipendentemente dal prezzo corrisposto per la cessione. E' tuttavia necessario procedere immediatamente alla modifica della registrazione dell'investimento presso la Banca Centrale, in modo da legittimare il nuovo investitore straniero. La procedura è semplice e segue un percorso simile a quello per la registrazione dell'investimento iniziale, per via informatica (SISBACEN).

COME INVESTIRE

La tendenza attuale è quella di acquistare sulla carta cercando così di ottenere una maggiore rivalutazione del proprio immobile. In effetti, è in questo modo che si possono trovare i migliori prezzi e migliori condizioni di pagamento. I costruttori che spesso si finanziano con le proprie vendite cercano di attirare il maggior numero di compratori all'inizio del progetto. Oltretutto devono tener conto dell'indice dei costi della costruzione INCC. Non c'è da stupirsi quindi se una società brasiliana adegua il prezzo di vendita durante l'avanzamento dei lavori. Ovviamente questo calcolo risulta in modo esplicito nelle condizioni di vendita.
Il concetto di credito immobiliare è molto recente in Brasile. Da meno di tre anni le banche Brasiliane hanno capito l'importanza del credito immobiliare, fino a oggi disponibile unicamente presso il proprio costruttore-venditore a tassi molto elevati. Le banche Brasiliane hanno infatti accompagnato il movimento della crescita economica e capito che il prestito immobiliare fidelizza il cliente. Difficilmente un cliente cambia banca se è vincolato da un prestito a medio-lungo termine.
Il tasso d'interesse di riferimento SELIC[11], che nel 2007 aveva chiuso allo 12,09% e nel 2008 al 12,24%, si aggira, nel periodo che va da Gennaio 2009 a Maggio 2009 al 12,06%, confermando il trend stabile degli ultimi anni. Ciò chiaramente, va a beneficio anche del credito immobiliare, che utilizzando tassi via via inferiori, riesce a garantire maggiori prestiti. Infatti, il finanziamento a scopo abitativo sia per le costruzioni che per le acquisizioni da aprile 2008 a marzo 2009 è aumentato di circa il 45%[12]. L'investimento comunque va ricordato che deve essere distinto da un'immobile destinato a uso personale o destinato prevalentemente a produrre guadagno.

Immobile destinato a Uso Personale

Per acquistare un immobile destinato a un uso strettamente personale, con esclusione di immobili rurali, si rende solo necessaria la presentazione dei seguenti documenti:

- Codice Fiscale brasiliano (CPF), le cui modalità di richiesta sono presenti nel sito www.brasilemilano.it (servizi consolari – CPF Brasiliano nuova registrazione);
- Passaporto in corso di validità (con validità minima di sei mesi) ed il certificato di nascita con annotazione a margine del nome di entrambi i genitori, riconosciuto dalla Prefettura e legalizzato presso il Consolato brasiliano competente per giurisdizione e/o altri documenti. I documenti summenzionati dovranno essere tradotti da traduttore giurato in Brasile;
- Procura ad hoc per la nomina di un procuratore residente in Brasile abilitato a ricevere citazioni.

Non esistono limiti all'acquisizione di immobili per uso strettamente personale. I limiti sono invece per le aree definite rurali (vedi il paragrafo sui terreni rurali) .

[11] SELIC – Tasso d'interesse Selic (Sistema Especial de Liquidaçãoe Custódia) ossia tasso d'interesse di base usato come riferimento per la politica monetaria – divulgado da parte del "Comitê de Politica Monetaria" (COPOM) www.receita.fazenda.gov.br
12 BCB – Banco Central do Brasil www.bcb.gov.br

Immobile destinato a Uso Commerciale

Nel caso in cui l'acquisto degli immobili sia subordinato a uso commerciale, definito dall'oggetto dello statuto societario, si rende necessaria la Costituzione o il subentro in una Società Brasiliana presentando i seguenti documenti:

- Codice Fiscale brasiliano (CPF), le cui modalità di richiesta sono presenti nel sito www.brasilemilano.it (Servizi consolari – CPF Brasiliano nuova registrazione);

- Passaporto in corso di validità (con validità minima di sei mesi);

- L'estratto di nascita comprovante il nome di entrambi i genitori, riconosciuto dalla Prefettura e legalizzato presso il Consolato brasiliano competente per giurisdizione, il certificato generale penale e/o dei carichi pendenti del tribunale riconosciuto dal procuratore della Repubblica e legalizzato presso il Consolato brasiliano competente per giurisdizione. Tra l'altro i documenti summenzionati dovranno essere tradotti da traduttore giurato in Brasile;

- Procura ad hoc per la nomina di un procuratore residente in Brasile abilitato a ricevere citazioni.

La Società da costituirsi o già costituita in Brasile, deve essere registrata come persona giuridica presso l'ente competente, "Junta Comercial" e successivamente iscritta al "Cadastro Nacional Pessoa Jurídica - CNPJ", omologo alla Partita Iva italiana. In seguito si procede all'apertura del conto corrente societario presso una banca in Brasile.

PROPRIETA' RESIDENZIALI: RENDITA DA AFFITTO

La rendita da affitto è generalmente bassa in Brasile. L'affitto mensile medio varia dal 5% al 7% del valore della proprietà. Questo rende l'investimento per affitto poco interessante se comparato all'investimento in un fondo di risparmio brasiliano che generalmente rende con interessi superiori, preservando da rischi e complicazioni che possono verificarsi con una locazione. Quindi non sorprende che, diversamente dall'Italia, i ricchi brasiliani preferiscano investire nel residenziale per farne un uso personale. Il risultato è che gli investitori che optano per un investimento a lungo termine devono concentrarsi sulla rivalutazione del capitale piuttosto che sulla rendita da affitto.

In Brasile l'accesso ai mutui è più limitato rispetto all'Italia, anche se negli ultimi anni le condizioni economiche favorevoli e il relativo adeguamento del costo del denaro, stanno spingendo più banche a concedere sempre più finanziamenti; tuttavia, molto spesso accade che i brasiliani dipendano ancora dalle dilazioni di pagamento offerte dai costruttori.

Questi finanziamenti, a volte, sono più accessibili per i compratori poiché pagano rate di anticipo durante la costruzione coprendo così i costi di avanzamento dei lavori. In questo modo, al momento della consegna, il costruttore ha coperto i costi e quindi può dilazionare con un "Parcelamento" in 48 / 60 rate o anche più, il resto dell'investimento applicando un tasso di interesse ragionevole. Spesso le nuove costruzioni vengono vendute velocemente in quanto la dilazione del pagamento residuo le rendono allettanti. Il finanziamento bancario comunque, sta ora crescendo anche per l'effetto dell'aumento della classe media mentre fino a poco tempo fa oltre a essere difficile da ottenere, aveva tassi tali da indurre ad un rischio per cui i costi dei prestiti avrebbero potuto superare quello della rendita dell'investimento. Erano e sono perciò gli stessi costruttori, che emettono piani di finanziamento capaci di garantire tassi agevolati e dilazioni ottimali a garanzia del cliente. In questo contesto, a fronte di un'impresa costruttrice seria e di un piano di finanziamento ottimale, si possono raggiungere dei buoni utili comprando semplicemente sulla carta e rivendendo l'immobile a fine costruzione o successivamente. In tal caso, in accordo con il costruttore, si possono acquistare immobili, scontati addirittura del 10%, 20%, 30% al rilascio della concessione edilizia e a seconda delle modalità di contrattazione, rispetto al valore commerciale reale di mercato. In questo modo si garantiscono, da una parte, l'ingresso di liquidità al costruttore che utilizza il denaro per l'avanzamento dei lavori e dall'altra un miglior prezzo per l'acquirente che rileva l'immobile. Altro vantaggio da parte dell'investitore, potrebbe essere costituito dell'incremento di valore aggiunto derivante dalla rivalutazione nel tempo dell'immobile.

Esempi di progetto:

Progetto residenziale
- Mercato di vendita : nazionale con taglio del terreno minimo 500 mq
- Indice di edificabilità : 80 %
- Tipologia della costruzione : palazzi di 10-20 piani
- Forma giuridica : incorporazione di tipo verticale a scopo abitativo
- Zona: forte sviluppo nello stato di São Paulo, Goiás, Mina Gerais

Progetto di residenza per vacanza
- Mercato : europeo e nazionale con taglio del terreno : minimo 10.000 mq
- Indice di edificabilità : 30-40 %
- Tipologia di costruzione : appartamenti, "flat", chalet o villette
- Forma giuridica : incorporazione di tipo orizzontale condominiale o alberghiero
- Zona: lo sviluppo maggiore è negli stati di Rio Grande do Norte, Bahia, Alagoas, Ceará e in generale nel Nord Est del Brasile. Lo stato di Bahia possiede a oggi oltre 25.000 immobili o terreni registrati a nome di persone straniere oltre

ai quali dovremmo aggiungere le società brasiliane con capitale straniero.

PROPRIETA' COMMERCIALI: RENDITA DA AFFITTO

Per l'investitore interessato a una rendita da affitto, una proprietà commerciale in Brasile risulta essere un investimento interessante. In genere gli affitti possono variare dallo 0.7 % all'1% dell'investimento al mese ed è in uso adeguare i contratti ogni anno per tenere conto del tasso d'inflazione.
E' frequente fare contratti ad affittuari come banche o catene di negozi dal momento che gli immobili adatti possono essere acquistati in Brasile con investimenti relativamente bassi. A questo proposito alcuni dei più grossi fondi di investimento mondiale hanno incominciato a investire massicciamente negli ultimi anni in centri commerciali la cui domanda è in continua crescita.
Inoltre, visto che il trend dei tassi di interesse è in riduzione, ciò indurrà probabilmente sempre più gli investitori Brasiliani a riversare i loro risparmi nel settore immobiliare con un conseguente aumento dei prezzi nei prossimi anni a tutto vantaggio di chi investe in questo momento.
Anche per gli immobili commerciali vale lo stesso suggerimento di investire nelle regioni più ricche a sud del Brasile dove sono concentrate le maggiori risorse dell'economia e del potere d'acquisto del paese. Non bisogna sottovalutare, comunque, la timida ma costante crescita di richiesta di questa tipologia d'acquisto nella macroregione del nordest.

TERRENI

Visto che un terreno esteso necessita di più tempo per essere venduto rispetto a uno piccolo, generalmente è più conveniente e talvolta, se appoggiati da professionisti competenti, si presta meglio al processo di lottizzazione.
I proprietari terrieri e i costruttori in Brasile ragionando in termini di costo – opportunità prendono in considerazione, anche alla luce degli alti tassi d'interesse, solo affari che generino un ritorno del 30% - 50 % su base annua.
Vista l'ineguale distribuzione del reddito, sono pochi coloro in grado di acquistare grossi appezzamenti di terreno, mentre al contrario sono molti i potenziali compratori di piccoli terreni.
Per esempio può essere molto interessante comprare un appezzamento di 100.000 mq, dividerlo in più lotti predisponendoli già alle infrastrutture primarie e in seguito rivenderli valutando le necessità del mercato quanto a dimensioni e tipologia di richiesta.
È da considerare inoltre che su queste operazioni si ottengono interessi che non solo coprono l'inflazione ma che offrono anche un guadagno interessante.
L'acquisto di grandi terreni da parte di stranieri al fine di lottizzarli e rivenderli non é ben visto dalla legislazione Brasiliana, che riconosce in questo tipo di operazione una pura speculazione senza un piano di crescita per il paese. In molti stati questa forma giuridica di incorporazione immobiliare non è permessa, costringendo l'imprenditore a dotare i terreni di infrastrutture.

Si sono verificate in passato molte lottizzazioni vendute principalmente a stranieri a costi bassissimi, dove terreni agricoli suddivisi in lotti e senza nessun tipo di urbanizzazione sono stati distribuiti con promesse di edificazione di resort, piscine e quant'altro senza che si realizzasse nulla nella realtà.
La trasformazione di un terreno agricolo in residenziale è tuttavia possibile, ma richiede l'intervento di professionisti competenti che

sappiano mediare sia con le leggi comunali che con quelle statali o addirittura federali. In alcuni casi sarà necessario interpellare enti che hanno competenze specifiche in quelle determinate aree quali per esempio la Segreteria del "Meio Ambiente" (Assessorato all'ambiente) e l'IPHAN (Istituto del Patrimonio Storico).
Quando si acquista un terreno bisogna non solo essere informati sul piano regolatore comunale, ma anche sulla classificazione a livello urbanistico della zona dove si sta acquistando dal punto di vista ambientale e storico. Scoprire dopo l'acquisto di essere in una zona di tipo APA (Area di preservazione ambientale) potrebbe creare dei limiti per l'esecuzione del progetto. Non esiste una documentazione unica che riprende tutti questi criteri, è necessario presentarsi presso ciascuno degli uffici competenti, con la premessa che esistono spesso divergenze tra regolamenti comunali, statali, ambientali e storici. È da tenere in considerazione il fatto che predomina l'istituzione governativa più vicina a quella federale e non quella comunale.

SERVITU' E STRADE DI ACCESSO

Quando si acquista un terreno bisogna verificare bene come sono gli accessi, le eventuali servitù nonché gli eventuali diritti di terzi; spesso, infatti, bisogna passare attraverso le proprietà altrui. In questo caso bisognerebbe assicurarsi che l'accesso rimanga garantito anche in futuro. Meglio ancora se si è venuta a costituire negli anni una servitù di passaggio ("servidão") rendendo permanente questo diritto.

ACQUISTARE ISOLE O SPIAGGE PRIVATE

Le spiagge, i fiumi e il mare sono considerati in Brasile aree demaniali e quindi non possono essere di proprietà privata. Di fatto, si può avere in concessione d'uso una spiaggia ("zona marina") o un'isola dallo stato brasiliano competente (SPU), pagando una tassa annuale ("foro") e alcune commissioni ("laudemio") quando la proprietà cambia. La spiaggia rimane comunque per definizione pubblica.
Anche nel caso in cui si paghi la concessione, la possibilità di costruire va verificata con le leggi vigenti federali prima, statali poi e in ultimo locali. Può capitare, infatti, che il benestare rilasciato dal comune dove è ubicato il bene immobile sia poi in contrasto con le leggi statali per quel luogo. In questo caso, può capitare che si inizi a costruire e successivamente i lavori vengano bloccati in attesa di valutare la legalità dell'intervento.

LA "ZONA MARINHA" O I 33 METRI DALLA SPIAGGIA

Sulle spiagge, i primi 30 + 3 metri dalla linea massima di alta marea per quella costa, legalmente appartiene allo stato brasiliano. Infatti, non si può costruire oltre questo limite fisico. E' importante anche conoscere le regole locali per le distanze da tenere visto che regolamenti comunali possono variare la distanza da 33 metri anche a 60 e più.
Considerando ciò si potrebbero costruire piscine o altre attrezzature turistiche o aree così chiamate di "lazer" ossia di divertimento o di zona pubblica ma non a carattere privato. Inoltre sono anche definiti in modo chiaro e inequivocabile la tipologia e i materiali che devono essere usati per la costruzione. Essenziale è che l'immobile possa essere iscritto sul titolo di proprietà del terreno.
In teoria gli stranieri non possono ottenere l'uso della zona marina, ma il divieto può essere superato visto che questo diritto spetta invece a tutte le società brasiliane, anche se il capitale è di stranieri. Una società brasiliana può avere e negoziare i diritti sulla spiaggia.
In alcune città sono state costruite case nella zona demaniale Tecnicamente non è vietato, ma nessuno può possedere la terra su cui sono costruite; quindi qualsiasi titolo di proprietà delle case va valutato attentamente e comunque l'acquisto di questi immobili ha sempre una componente di rischio.

Nel caso di immobile urbano, l'unica restrizione esistente per lo straniero, stabilita dal Decreto Legge n° 9.760/46, è quella contenuta nell'art. 205, che vieta l'acquisto di immobile o terreno situato dentro la fascia di cento metri lungo la costa marina 17 , salvo se autorizzato nell'atto di acquisizione dal presidente della repubblica o dal ministro delle finanze. Questa restrizione non si applica nel caso di acquisto di unità autonoma in condominio, come un palazzo di appartamenti situato sul terreno della Marina, regolato dal regime della Legge 4.591/64.

TERRENI URBANI

Ogni città ha un suo piano regolatore ("Plano Diretor") dove vengono definite le varie destinazioni d'uso di ciascuna zona: residenziale, commerciale, industriale e agricola.
All'interno di queste zone, di solito, il piano definisce il lotto minimo; ovviamente se si acquista un grosso terreno si può frazionarlo ottenendo unità che rispettino le dimensioni minime.
Il piano specifica la tipologia della zona, la percentuale della superficie che può essere occupata con gli edifici, spesso variabile dal 30% al 50% dell'area, la superficie drenante, l'altezza e il numero di piani massimi che possono essere realizzati. Generalmente le piscine e le strutture considerate come mobili non sono computate nelle spazio costruibile. La costruzione di cantine o sotterranei non è molto comune fuori dei centri cittadini e spesso non è regolamentata.
In Brasile è comune costruire delle piccoli torri raccoglitrici d'acqua con serbatoi di capacità tra i 500 e i 1000 litri localizzati a una decina di metri per garantire la pressione dell'acqua. Queste generalmente non rientrano nei conteggi dei metri costruiti.
In alcuni casi è prevista una percentuale di "permeabilità" cioè di drenante che deve essere lasciata libera da pavimentazione per permettere all'acqua piovana di filtrare nel terreno consentendo il ciclo naturale.

TERRENI RURALI

Se il terreno non rientra per definizione tra quelli destinati allo sviluppo urbano potrebbe essere considerato come agricolo o riserva protetta. Se l'appezzamento è sufficientemente grande, di solito circa 2 moduli, può essere considerato come un'unità agricola indipendente con la possibilità di costruire una "fattoria".
Poiché solo i residenti possono possedere una proprietà rurale, uno straniero deve necessariamente creare una società brasiliana che sia titolare della proprietà, oppure risultare già residente in Brasile.
Infatti, è vietato l'acquisto di aree definite come rurali agli stranieri persone fisiche che non risiedono in Brasile conforme alla legge n° 5709 / 71, se non nel caso di successione legittima. Gli stessi stranieri residenti persone fisiche in Brasile inoltre, non possono acquistare più dell'equivalente dei 50 moduli terreni, misura omologabile agli ettari ma variabile a seconda dell'estensione dello stato e dei comuni dove sono ubicati.
Le società brasiliane, con partecipazione di maggioranza a capitale straniero, possono avere delle restrizioni per l'acquisto che deve essere approvato dal Ministero dell'Agricoltura e dal Dipartimento del Commercio e dell'Industria del Brasile, a seconda dei casi. Al presidente della Repubblica è concesso andare in deroga a ciò conformemente a progetti rivolti all'interesse dello sviluppo nazionale.

ACQUISTO DI TERRENI SENZA TITOLO DI PROPRIETA'

Il solo modo di essere sicuri che la proprietà sia acquisita in modo certo, è che sia accompagnata dal titolo di proprietà relativo e che questo sia registrato nel registro immobiliare competente. Può accadere, infatti, che il diritto di possesso sia divergente dal titolo di proprietà.

Se quindi proprio si vuole acquistare una proprietà da chi non ha il titolo o la trascrizione in regola è necessario affidarsi ad un avvocato specializzato in grado di verificare e ricostruire la catena dei passaggi sulla proprietà e del possesso negli ultimi 15 anni, così come procurare le ricevute di tasse e utenze pagate.

Tutto ciò è necessario sia verificato con le autorità preposte e anche con i vicini per capire se c'è qualche controversia in corso. Infatti, come in Italia ma con modalità differenti, il Codice Civile Brasiliano, all'art. 1.238 stabilisce che "colui che detiene ininterrottamente, senza alcuna opposizione, un immobile per 15 anni ne acquisisce la proprietà, indipendentemente dal titolo e dalla buona fede". Una volta acquistato il terreno è importante recintarlo immediatamente per ribadire la presa in possesso della proprietà (per questa ragione molti brasiliani recintano i loro terreni). In seguito l'avvocato regolarizza la situazione usando lo strumento dell'usucapione " usucapião". Alla fine di tutto il processo sarà possibile registrare la proprietà al proprio nome.

OCCUPANTI ABUSIVI

Come succedeva una volta in Europa e in Usa, i terreni che non sono utilizzati da qualcuno in modo produttivo possono essere reclamati da chi ci vive in modo permanente e li coltiva.
In certi casi, grandi terreni rimasti abbandonati da molti anni sono stati occupati da coltivatori senza casa che con il tempo hanno acquisito il diritto legale. Anche se questi non hanno la piena proprietà garantita da un titolo di proprietà acquisiscono il diritto a usare la terra ossia il diritto di "posse". Per questa ragione i proprietari terrieri brasiliani impiegano delle persone che regolarmente controllano l'eventuale presenza di occupanti non voluti e li allontanano prima che la loro occupazione diventi permanente con l'acquisizione del diritto di possesso. Come compratore, è necessario assicurarsi che la proprietà non abbia nessun "posseiro" che vi abita e che chiunque sia presente sia chiaramente un dipendente del proprietario.

ASPETTI AMBIENTALI – AREE AMBIENTALI PROTETTE (APA)

Oltre alle normali leggi urbanistiche e igienico-sanitarie bisogna prestare attenzione alle questioni ambientali e alle regolamentazioni conseguenti.
Molte aree costiere sono protette come per esempio nel caso dell'APA o "Area de Proteção Ambiental". Le aree APA hanno regole addizionali per quanto riguarda l'uso dei terreni, i lotti minimi, la percentuale di occupazione delle costruzioni e sono regolate da agenzie statali e federali come l'IBAMA 18 i cui poteri sono separati da quelli delle autorità comunali. Generalmente queste aree sono state costituite per salvaguardare ecosistemi rari, flora e fauna in via di estinzione.
Due tipici esempi sono le aree di "mangue" e della "mata atlantica".

Le mangue sono le aree di mangrovie spesso in aree paludose, che comunque non sarebbero interessanti.
La "mata atlantica" è la foresta originaria, un tempo molto estesa e attualmente ridotta.
È bene verificare quindi il tipo di vegetazione presente e quali organi competenti possono autorizzare i vari interventi.

I PREZZI DEI TERRENI IN BRASILE

L'estensione del Brasile è enorme: 8.549,665 kmq. Comparabile a quella degli Stati Uniti senza l'Alaska, 28 volte l'Italia con circa 7300 km di costa. Ciò rende l'idea della quantità di terre disponibili, molte delle quali usate per scopi agricoli. In generale, a parte la zona costiera, i terreni vengono valutati in base al loro potenziale agricolo.
I terreni agricoli e non "produttivi", come le foreste protette dove non si può né costruire né coltivare, hanno prezzi veramente economici. Diverso è il caso delle aree costiere dove i prezzi sono molto più cari ma costituiscono fonte di guadagno certa.
Si devono comunque valutare alcuni fattori prima di affrontare un investimento immobiliare nelle fasce costiere:

1) <u>Prossimità a un aeroporto internazionale -</u> con un buon numero di voli di linea e charter e con una distanza massima dalla zona di investimento pari a 1-2 ore in automobile

2) <u>Buona accessibilità stradale e buone infrastrutture -</u> comprensive di elettricità, acqua, telefono, raccolta dei rifiuti e soprattutto la possibilità di maggiori sviluppi nei prossimi anni.

3) <u>Una natura bella e poco contaminata -</u> meglio se con spiagge esotiche e possibilità di escursioni. Le barriere naturali come montagne e fiumi spesso rendono un'area

meno interessante per le costruzioni economiche mentre può essere il contrario per quelle più lussuose.

4) <u>Negozi, ristoranti, eventi culturali, sport, assistenza medica</u> - solo una quantità sufficiente di queste attrattive può far sì che i turisti ritornino ripetutamente nello stesso posto o che alcuni vi si stabiliscano in modo semi-permanente contribuendo a far crescere i prezzi.

5) <u>Assenza di costruzioni popolari</u> – alcune località hanno subito un'urbanizzazione non controllata e di scarsa qualità influenzando così l'attrattiva degli investimenti. Le aree preservate da un'urbanizzazione indiscreta hanno senza dubbio maggiori possibilità di sviluppo e di rivalutazione.

Se quindi applichiamo questi criteri al Brasile, è facile rendersi conto, che tutta la domanda interna e estera si concentrerà su poche strisce di spiaggia. I prezzi dei terreni costieri, in alcuni casi, sono triplicati negli ultimi anni. Anche se siamo lontani dai prezzi di località tropicali ben note, il mercato in queste aree si sta sviluppando sempre di più. Sulla costa il prezzo dei terreni è determinato, in gran parte, dall'esposizione sulla spiaggia ed è abitudine esprimere i prezzi per metro lineare. I prezzi possono variare moltissimo in base alla localizzazione: da meno di 1.000 $USD al metro quadrato in zone non ancora valorizzate fino a 15.000 $USD nelle aree più prestigiose (ma ci possono essere lotti edificabili in spiagge famose che possono arrivare anche a 1.000.000 $USD).
Questi prezzi includono di solito molti metri verso l'interno; infatti, quando si compra un terreno fronte oceano la profondità non influisce molto sul prezzo (per esempio se si comprano 300 o 3.000 metri verso l'interno il prezzo cambia del 10-20%) bensì il fatto di poter godere del "frente praia". A volte nella stessa area 100 ettari con solo 200 metri sulla spiaggia possono valere meno di 10 ettari con 300 metri di spiaggia.

COSTRUZIONE DI CASE

I costi di costruzione sono generalmente molto bassi, e sul mercato c'è una grossa offerta di case economiche mentre è relativamente bassa l'offerta di case con un standard elevato tale da soddisfare una clientela internazionale e/o nazionale abbiente. Le ultime statistiche ufficiali in variazione mensile del mese di Aprile 2009 della Camera Brasiliana dell'Industria delle Costruzioni – CBIC, danno un prezzo medio CUB 15 di R$/mq. 803,81 a livello nazionale con variazioni che vanno da un minimo di R$/mq. 746,83 della macroregione Nordest sino a R$/mq. 833,03 della macroregione Sudest sempre dello stesso periodo. L'incidenza di questi prezzi, può essere variata dalla tipologia di rifiniture e strutture che si usano elevando l'incremento di anche il 25%.
I costruttori brasiliani tendono a costruire case per famiglie numerose dove magari più generazioni vivono sotto lo stesso tetto, quindi tante stanze e bagni piccoli talvolta prestando poca attenzione alle rifiniture sia esterne che interne. Questo significa che chi è in grado di costruire contenendo i prezzi ma realizzando appartamenti di elevato standard, potrà realizzare buoni affari. Per un compratore europeo medio, 1250 € / mq. risulta essere una cifra accettabile. È evidente che la supervisone della costruzione necessita di una presenza costante sul luogo; quindi questa "strategia" si raccomanda a chi voglia e sia in grado di seguire personalmente il progredire dei lavori.

COSA COMPRARE? NORD O SUD?

Le megalopoli come São Paulo, Rio de Janeiro e Belo Horizonte concentrano la maggior parte del potere economico e attraggono una parte considerevole degli investimenti federali.Questo significa che la maggior parte del potere d'acquisto è localizzato al Sud. Quindi se ci si rivolge al mercato delle classi medie e alte si deve pensare di investire relativamente vicino a loro.
Non sorprende quindi che la maggior parte delle più vecchie e affermate destinazioni turistiche come Búzios, Angra dos Reis, Paraty, siano localizzate nella "Costa Verde" tra Rio e São Paulo caratterizzate per essere sviluppate e relativamente costose, mentre le infrastrutture sono abbastanza obsolete. Tuttavia in termini di crescita e sviluppo turistico Salvador, capitale dello stato di Bahia, pur appartenendo al nordest rappresenta la terza maggiore destinazione turistica.
Salvador ha un moderno aeroporto internazionale, una fervente vita culturale, un buon patrimonio storico contando alcuni dei più prestigiosi resort del Brasile, come il Marriot, l'Holiday Inn, il Sofitel, il Club Mediterranee, l'Ibero Star. Questi gruppi con il loro enorme potere di marketing da soli garantiscono un'attrattiva notevole per l'area. Inoltre i collegamenti con l'Europa sono relativamente soddisfacenti. Più a Nord gli stati sono un po' meno sviluppati e quindi i prezzi sono più bassi, con qualche eccezione di Natal che risulta essere in genere più costosa di Salvador.
Il Nord pare quindi essere più predisposto a investimenti stranieri poiché pur presentando meno infrastrutture, offre buone opportunità grazie alle sue spiagge e al suo turismo internazionale.
Altre città comunque, si stanno sviluppando in termini turistici e d'investimento immobiliare. Interessanti sono le zone comprese nello stato del Ceará con Fortaleza capitale e area limitrofa come Portos das Dunas e il suo beach park , Prainha, Cumbuco per il kite surf nonchè lo stato di Alagoas con capitale Maceiò.
Oltre al Nordest, il Nord con l'Amazzonia, offre notevoli possibilità di sviluppo futuro poiché, pur avendo quotazioni di immobili più bassi rispetto al sud del Brasile, ha tassi di sviluppo più elevati a causa del pregio delle sue arre naturalistiche esotiche.

CASE RESIDENZIALI O PER TURISMO?

Il Nord presenta minori attrattive per trasferimenti permanenti a causa delle infrastrutture carenti. La città decretata con la maggior qualità di vita è stata infatti più volte Florianópolis nel sud.
Quindi il focus è il turismo. Condomini adatti alla permanenza turistica temporanea sono da preferire, capaci di garantire elevati standard di servizi e di sicurezza.
Nel Sud le infrastrutture e lo stile di vita si avvicina molto di più allo standard internazionale ed europeo, anche per la forte migrazione dall'Europa nel secolo XXI. La qualità delle costruzioni in generale aumenta e la qualità della vita è tale da attrarre sempre di più stranieri e brasiliani che desiderano risiedere.

Investimento Immobiliare di Non Residenti in Brasile, anno 2007 NAZIONE	Migliaia di US$	Percentuale %
1 Stati Uniti	102.722	16
2 Spagna	82.852	13
3 Italia	63.588	10
4 Svizzera	57.872	9
5 Regno Unito	54.761	8
6 Portogallo	52.641	8
7 Germania	50.207	8
8 Norvegia	32.481	5
9 Francia	22.182	3
10 Olanda	16.016	2
11 Lussemburgo	15.458	2
12 Giappone	12.250	2
13 Belgio	6.853	1
14 Angola	6.361	1
15 Svezia	6.062	1
16 Canada	5.739	1

17 Uruguai   5.569   1
18 Altri   52.843   9
Total   646.457   100

TIPOLOGIA DI IMMOBILI

Per chi desidera effettuare un investimento immobiliare in Brasile le opportunità migliori si trovano nei nuovi progetti residenziali o appartamenti in costruzione, in contesti di alto livello. Affinché un investimento sia vincente in Brasile è fondamentale puntare "alla qualità". L'economia brasiliana è un'economia emergente ad alto potenziale ma strutturalmente diversa da quella europea con una forte differenza nella distribuzione della ricchezza prodotta e diversa è anche la concezione del mercato immobiliare.
Vi è una classe media e medio-alta che sta iniziando a crescere e che rappresenta in questa fase storica il vero motore dell'economia brasiliana. Quando si investe in una casa è necessario ragionare con la mentalità dei brasiliani abbienti che si possono permettere di acquistare ciò che desiderano. Non importa se l'investimento è alto perchè si rivaluterà nel tempo e avrà sempre un mercato.

Opzioni per gli investitori "attivi " o "passivi"

Orizzonte temporale breve (1-3 anni): appartamenti o ville , meglio se in costruzione e in contesti di lusso.

Orizzonte temporale medio (3-5 anni): terreni in zone di forte espansione edilizia meglio se con vista mare, immobili commerciali (pousadas, negozi).

Orizzonte temporale lungo (5-10 anni): terreni in aree limitrofe alle zone in attuale espansione edilizia.

Per gli investitori "attivi" il maggior vantaggio deriva dall'incremento del valore dei terreni piuttosto che la costruzione o l'investimento diretto. Il processo d'acquisto dei terreni richiede solo un piccolo team: un architetto, un topografo, un avvocato e un po' di supervisione, mentre per costruire è necessario molto tempo e presenza costante.
Investitori più passivi possono optare anche per "land banking" investimenti in immobili commerciali e joint venture. "Land banking" significa acquistare un terreno situato in un'area di futura espansione. Scelta adatta per coloro che hanno optato per un investimento a medio termine, purché la scelta del terreno sia stata oculata. Importante quindi scegliere un terreno che sia garantito da attuali o future infrastrutture.
Interessante è l'analisi dell'intero settore della costruzione civile nonché della composizione della catena produttiva, che può evidenziare spunti interessanti sulla valutazione dell'investimento immobiliare e delle costruzioni civili in generale.

COME FARE UN GRANDE INVESTIMENTO IN BRASILE

Per fare dei grandi investimenti in Brasile riportiamo di seguito considerazioni scaturite dalla nostra diretta esperienza decennale in loco:

1. Incontrare terreni super-economici che sembrano 'molto a buon mercato' è normalmente un segno che non si tratti di un buon investimento. Se i prezzi sono molto bassi in Brasile, probabilmente è perché il terreno si trova in mezzo al nulla. Una proprietà quasi isolata da tutto non è e, mai sarà, un buon investimento. Sappiamo che il Brasile è un immenso paese e ha ben 7.400 chilometri di coste, per cui è facile che la maggior parte dei terreni siano quasi isolati. Dov'è il più vicino negozio, bar, ristorante? Se non è possibile rispondere a queste domande come si può pretendere poi di rivendere il proprio immobile?

Una buona regola da seguire è che se anche i brasiliani hanno acquistato nella zona, allora è già un buon segno, perché questa è una nazione con il famoso buon gusto. Le proprietà popolari in città oon piani regolatori che limitano una cementificazione selvaggia sono l'opzione più reddizia, sia che siano sul lungomare o no, soprattutto se ci sono molte attività locali per attirare e occupare i turisti.

Quando si cerca un buon investimento immobiliare in Brasile, è importante se non fondamentale, la location.

Molti costruttori come anche molte società immobiliari (alcuni consapevolmente, anche se la maggior inconsapevolmente) hanno molto materiale pubblicitario ingannevole riguardo i loro prodotti, le informazioni ingannevoli più comuni sono:

- una distanza della proprietà dal centro della città di 1 ora mentre in verità si tratta di minimo 2 ore.

- la proprietà è localizzata a pochi passi dalla spiaggia mentre in realtà la distanza dalla spiaggia è di 2km.

- il nostro team di avvocati ha svolto una rigorosa verifica della documentazione... spesso però significa solo e semplicemente che i proprietari possono vendere legalmente la proprietà, il che è diverso da certificare che non ci sono ipoteche, restrizioni su eventuali costruzioni da parte della prefettura e/o dal governo dello stato e/o dagli enti di preservazione ambientale etc...

2. Uno dei prodotti immobiliari ai quali dovete maggiormente prestare attenzione in Brasile, che sono anche fra i più comuni, sono quelli proposti da imprenditori che acquistano enormi terreni a prezzi molto economici. Di solito a così buon mercato perché sono a migliaia di distanza da qualsiasi infrastruttura.
Imprenditori e costruttori possono acquistare queste aree enorme anche ad circa R$2 per metro quadrato, dopo di che suddividono l'area attraverso una "lottizzazione" in piccoli lotti, di solito di 450M2 (grandi abbastanza da costruire una bella casa). A questo punto vendono centinaia di questi piccoli lotti traendone enormi profitti con prezzi per metro quadro di poco inferiori ad altrettanti lotti localizzati in aree popolari molto più vicine alla città però. L'imprenditore/costruttore di turno si prodigherà anche nell'illustrarvi che costruirà numerosi infrastrutture proprio nell'area "lottizzata", con strade e illuminazioni stradali, un hotel e/o un centro ricreativo con negozi ecc... Il tutto per convincervi che si tratti di un ottimo investimento... Nel solo Rio Grande Do Norte ad esempio ci sono circa 15 mega-progetti con campi da Golf "ipotetici" lungo tutta la costa, "ipotetici" in quanto sono ormai quasi 10 anni che esistono solo sulla carta...
Il fondamento per fare un buon investimento è semplicemente racchiusa fra 'l'offerta e la domanda' che ci può essere nell'area a cui ci interessiamo. Un centinaio o più di lotti anche se a prezzi apparentemente vantaggiosi tutti in vendita nel bel mezzo del nulla non è mai stato un saggio investimento.

3. Avete scelto la Vostra agenzia immobiliare la quale non è mai stata in Brasile o peggio ancora non ha mai investito

personalmente in Brasile? La quale semplicemente Vi rigurgita una mix di materiale pubblicitario del costruttore oltre che a mappe e immagini da Wikipedia e Google Earth? Siate molto cauti a questo riguardo. Molte società "over-seas", ovvero che non risiedono o non hanno una filiale in Brasile, sono semplicemente delle ottime e scintillanti piazzole di vendita virtuali per attirare clienti. La maggior parte però non hanno mai messo piede in Brasile e sicuramente non conoscono il prodotto immobiliare che propongono, semplicemente Vi rigirano le informazioni che ricevono. E' molto meglio individuare un agente immobiliare e/o agenzia immobiliare che sia effettivamente sul posto in modo da verificare personalmente le informazioni e soprattutto avere un feedback "critico e veritiero" sulla location dell'immobile. Il Vostro agente immobiliare è lì per fare consulenza, orientamento e dare informazioni dettagliate e "dovrebbe" avere una conoscenza più che approfondita del prodotto. Avete il diritto di prendere visione di tutte le informazioni inerenti un immobile quali le licenze, i contratti, piani regolatori etc..., e se vi sono eventuali problemi di documentazione.

4. Un mega-progetto con appartamenti e ville di ogni metratura con innumerevoli piscine, bars, zone ricreative, cliporto privato, porticciolo privato etc... il tutto lungo una spiaggia bianca e cristallina piena di palme è una buona opzione per il vostro investimento in Brasile? A nostro modesto parere semplicemente "no". Da quando a partire dal 2001 abbiamo analizzato e visionato molti di questi mega-progetti residenziali nel Nord Est del Brasile molti di questi (e la maggior parte sono opera di costruttori stranieri e/o società miste con capitale straniero e brasiliano) non sono ancora realizzate e terminate fino ad oggi, ed alcuni non hanno mai iniziato ad edificare. Alcuni progetti avevano anche venduto anche il 100% del loro prodotto raccogliendo le "caparre" dagli acquirenti ma sono con anni e anni di ritardo rispetto le consegna prevista e chissà se un giorno arriverà...
E' chiaro constatare che molti di questi imprenditori e costruttori stranieri abbiano totalmente sotto stimato quanto

possa essere lungo e difficile l'iter per ottenere tutte le licenze necessarie nel "burocratico" Brasile. Ottenere la licenza di costruzione dalla prefettura è una cosa, è di solito è dopo questa prima licenza che molti costruttori iniziano a vendere, procedura che per la legge brasiliana non si potrebbe fare, ma essendo solo un "acconto" sul diritto di acquisto perfezionato la maggior parte delle volte fuori dal territorio brasiliano i costruttori riescono a by-passare questa legge brasiliana. Altra cosa è poi però riuscire ad ottenere tutte le varie licenze ambientali le quali possono richiedere svariati anni e nei migliori dei casi possono imporre stravolgimenti importanti sul progetto iniziale di partenza prima di essere concesse. Più grandi e lussuosi sono i progetti che si intendono realizzare è più difficile è riuscire ad ottenere tutte le licenze ambientali. Il Brasile è molto rigido su qualsiasi costruzione venga realizzate lungo le proprie belle coste ed in fondo è giusto che sia così. Sono due le principali riflessioni da fare quando si valuta di acquistare un immobile all'interno di un mega-residence turistico:

(I) Un brasiliano acquisterebbe un appartamento e/o villa in questo complesso?, E soprattutto un brasiliano vorrebbe vivere in un complesso turistico frequentato solo da stranieri. Il motivo di questa riflessione nasce dal fatto che rivendere il proprio immobile rivolgendosi solamente ad un pubblico straniero è molto difficile considerando che gli acquirenti stranieri rappresentano solo il 3% del mercato immobiliare. Ovviamente è meglio vendere e/o affittare in un mercato che può attrarre il 100% dei possibili acquirenti, quindi sia il mercato interno brasiliano che quello esterno rappresentato dagli stranieri.

(II) Ed ancora anche in questo caso, la cosa più semplice è valutare quale sia l'offerta e la domanda. Avere un numero considerevole di proprietà in vendita all'interno dello stesso progetto non è un buon segno per fare un investimento. E' questo di solito succede in un mega-progetto residenziale turistico di oltre 400-500 rivolto prevalentemente ad un pubblico straniero.

4. Se vi orientate per l'acquisto di un immobile off-plan (sulla carta), sicuramente un piccolo progetto residenziale è da preferire ad un grande progetto residenziale turistico di oltre 400-500 unità. Anche in questo caso però bisogna essere molto cauti, perché se da un lato si riescono ad incontrare prezzi di acquisto inferiori dall'altro lato è anche vero che si sta acquistando una proprietà totalmente ancora da costruire.

Le immagini dei progetti venduti in off-plan (i famosi rendering) possono essere fuorvianti, il prodotto finito sarà esattamente come quello promozionato dalle belle immagini al computer? Si conosce il capitolato dei materiali standard che saranno utilizzati? Il costruttore ha un buon curriculum di progetti già realizzati? Ed altre domande dettate dal buon senso sono più importanti nel valutare un progetto limitandosi solo ad ammirare belle immagini in rendering. Se si decide di acquistare un immobile sulla carta (off-plan), è fondamentale affidarsi ad un avvocato indipendente che svolga le pratiche di acquisto nello stesso stato in cui si trova l'immobile che state per acquistare. Assicuratevi:

A) delle date e degli step di acquisto, ovvero in che data la proprietà sarà registrata a Vostro nome, come anche che siano riportati chiaramente sul contratto di acquisto tutti i dettagli circa i materiali utilizzati per la costruzione.

(B) I contratti di acquisto devono essere trascritti sia in inglese (o nella Vostra prima lingua, in modo da poterne comprendere pienamente ogni singola parola) e in portoghese.
IMPORTANTE: è obbligatorio che un contratto sia trascritto in portoghese perché possa essere pubblicamente registrato al relativo Registro degli Immobili brasiliano, assicuratevi che il contratto firmato dal costruttore preveda anche una copia in lingua portoghese, se vi propongono solo un contratto nella Vostra prima lingua oltre a non avere nessuna ufficialità in territorio brasiliano verosimilmente vi stanno anche imbrogliando.

Gli appartamenti venduti sulla carta (in off-plan) sono piu' cari di un 20% di similari già realizzati? A nostro parere un immobile in vendita come off-plan dovrebbe essere almeno del 20% inferiore ad un immobile con le stesse caratteristiche già realizzato, a causa dei fattori di rischio dati dal fatto che ancora non esiste e come anche per il fatto che non si possa immediatamente risiedervi o ricavare una rendita da affitto per un certo numero di anni prima che venga realizzato. Ad ogni modo è abbastanza comune imbattersi in progetti in vendita sulla carta (off-plan) mirati quasi esclusivamente ad acquirenti stranieri ad un prezzo maggiore di circa il 20% di immobili simili ma già costruiti.   E poi ce il famoso "affitto garantito". Sarà un vero affare acquistare un immobile con un affitto da "rendita garantito", vale la pena? E' un affitto garantito lordo o al netto delle spese condominiali, bollette e di commissioni dell'agenzia di intermediazione? Per quanto tempo è contrattualmente garantito la rendita da affitto? E in quali periodi potete Voi usufruire del Vostro immobile? Sicuri che una rendita da "affitto garantito" non sia effettivamente stata "garantita" da Voi stessi per aver pagato un prezzo di acquisto artificialmente gonfiato? Attenti...

Leggete attentamente i contratti che prevedono una "rendita da affitto garantito" e fate le Vostre scrupolose ricerche. E' sempre meglio investire in una zona con un mercato attivo nel campo degli affitti con ottime strutture per attirare turisti, dopo di che si avranno sempre buone possibilità di affittare il proprio immobile a prescindere se la locazione sia garantita oppure no.

MUTUI

Al momento in Brasile il mercato dei mutui per clienti " residenziali " è ancora ridotto ma sta crescendo. Per molto tempo, la combinazione di alti tassi di interesse e dell'inflazione, oltre alle leggi che hanno reso difficile per le banche gli espropri e i frazionamenti delle proprietà, ha fatto sì che i mutui finanziati, come per esempio quelli della "Caixa Econômica" non fossero più del 1% di tutto il mercato immobiliare; il che identifica un'anomalia rispetto al panorama internazionale.
Tuttavia, grazie a nuove leggi e a nuovi programmi federali, come per esempio quello chiamato "Minha Casa Minha Vida" 13 lanciato a marzo 2009 che ha come scopo la costruzione di 1.000.000 di case per persone con rendita dimostrabile fino a 10 salari minimi, la prospettiva, è quella di un potenziale boom del mercato immobiliare residenziale indirizzato anche alla crescente classe media; è in corso di fatto, una crescita dell'erogazione dei mutui 14 .
Chi è interessato a questa opportunità e a questo tipo di mercato, sempre in accordo con i comuni e gli stati competenti, dovrebbe investire prevalentemente nel "Sudeste" del Brasile dove saranno costruite secondo il programma 363.984 abitazioni pari al 36,4% del fabbisogno nazionale, oppure nel "Nordeste" dove sempre secondo il programma, si prevede la costruzione di 343.197 abitazioni pari al 34,3% del fabbisogno nazionale.Inoltre ci sono aree interessanti aree, come quella di São Paulo, Florianópolis, Balneário Camboriú nello stato di Santa Catarina o nel Nord Est nelle capitali degli stati come Fortaleza, Natal, Maceió e Salvador che stanno vedendo emergere sempre più il potere d'acquisto legato alla classe media in crescita.
L'investitore interessato più alla rivalutazione del capitale che alla rendita, può indirizzarsi all'acquisto di lotti di terreni per la costruzione di ville e condomini in aree dove sono programmati interventi infrastrutturali. A tal proposito si ricorda che nel 2014, il Brasile parteciperà come paese ospite al mondiale di Calcio, con tutto quello che ne consegue in termini di infrastrutture e riqualificazione territoriale. Tali lotti rimangono tuttavia il target ideale per le classi medio alte intenzionate a costruire in seguito.

ASPETTI FINANZIARI

Come gli alti tassi di interesse influenzano il mercato
I tassi di interesse in Brasile sono ancora alti, in parte a causa dell'eredità dell'inflazione che è stata per molto tempo elevata. Il credito al consumo, per esempio, può costare più dell'80% l'anno. Infatti, gli interessi sono spesso espressi su base mensile. D'altro canto, un semplice deposito di risparmio o titolo di stato garantisce spesso un interesse che varia dal 9% all' 11% annuo.
Questi alti costi spiegano molto dei tratti caratteristici del mercato brasiliano. Ecco perché i costruttori applicano grossi sconti a chi acquista sulla carta, poiché il compratore, di fatto, finanzia il loro progetto. Il finanziamento, quando è disponibile, viene offerto dai venditori e non è economico. Il finanziamento offerto dai costruttori per i nuovi progetti è di solito mediamente dell'1%, oscillando dallo 0,50% circa per il periodo della costruzione dell'immobile stesso fino a giungere anche all'1,5%, mediamente al mese, a costruzione finita, oltre chiaramente il tasso di inflazione.
I grandi lotti di terreno si vendono proporzionalmente a molto meno rispetto a quelli piccoli .Un ottimo indice per valutare l'evoluzione del mercato immobiliare, oltre chiaramente all'offerta, alle vendite e alle promozioni, rimane la velocità di vendita degli immobili. Esiste inoltre un incremento delle nuove unità abitative che animano il settore produttivo e immobiliare.

IL MERCATO FINANZIARIO

Attualmente il Brasile offre una vasta gamma di investimenti in titoli o certificati immobiliari che offrono ritorni interessanti derivati da operazioni immobiliari effettuate dalle grandi società di "incorporazione" e "costruzione" Brasiliane. Questi titoli sono spesso parte integrante di un Fondo d'Investimento che offre serie garanzie.

TRASFERIRE DENARO IN BRASILE

Trasferire soldi in Brasile è facile ma se il trasferimento non avviene in modo corretto, può comportare un'attesa di giorni o addirittura settimane. Si possono spedire dollari, euro o altre valute. E' importante che il ricevente abbia tutti gli elementi necessari per assicurarsi l'accredito sul proprio conto. Le pratiche di chiusura del cambio posso richiedere anche due o tre giorni.

Per la formalizzazione del contratto di cambio avente ad oggetto i fondi inviati in Brasile per l'acquisto di immobile, le istituzioni bancarie locali esigeranno tutta la documentazione che possa comprovare l'acquisto dell'immobile, ovvero, in primis la "Matricula" ed il contratto preliminare di compravendita a testimonianza della volontà delle parti di vendere/acquistare onde consta, tra l'altro, l'importo del prezzo stipulato a tal fine. Si precisa altresì, che le tariffe bancarie che incidono al momento della contrattazione del cambio in Brasile, variano a seconda della banca chiamata ad operare. Inoltre, in tale operazione, incide l'imposta IOF (Imposta sulle Operazioni Finanziarie) nella percentuale dello 0,38% sul valore della rimessa.

Il maggior inconveniente di queste operazioni è costituito dal rischio legato alla chiusura del tasso di cambio. Cifre consistenti possono soffrire modifiche notevoli creando disagi. Infatti, la chiusura del cambio avviene in Brasile e non può essere prevista in modo preciso, poiché dal momento in cui viene inviato il denaro al momento in cui viene ricevuto, ci possono essere variazioni sul tasso di cambio utilizzato. Si consiglia quindi di valutare la possibilità di inviare una cifra leggermente superiore per ovviare a questo inconveniente. Data la forte variabilità delle commissioni applicate per il trasferimento bancario, è consigliabile, consultare più istituti bancari sia dal ricevente in Brasile che mandante estero. E' quindi buona norma contrattare la transazione prima di effettuarla.

Il cambista o la "Casa de Câmbio"

Tra la banca brasiliana e la Banca Centrale del Brasile esistono le "Case de Cambio", veri e propri *broker*. Queste ultime sono riconosciute dalla Banca Centrale per poter effettuare operazioni di cambio ed emettere i relativi contratti necessari all'investitore.
Nell'ipotesi in cui si faccia ricorso ai servizi di un'agenzia di cambio e spesso utilizzando un tasso di cambio più favorevole, vi sarà da pagare anche la commissione di tali agenti che anch'essa è variabile ma di prassi si aggira attorno allo 0,15 %.

LA BOVESPA

Uno dei fenomeni più importanti dello scenario finanziario Brasiliano è l'andamento della BOVESPA (Indice della Borsa di São Paulo) che si differenzia da tutte le altre borse Sud Americane per il suo notevole incremento, nonostante le difficoltà del mercato Nord Americano che praticamente non ha avuto effetti in Brasile.

IMMIGRAZIONE IN BRASILE

La legge n. 6.815/80 (Statuto degli Stranieri) regolamenta l'entrata e la permanenza di stranieri in Brasile, il rilascio dei documenti d'identità, l'attività lavorativa, l'esercizio di libere professioni, nonché l'acquisto della cittadinanza brasiliana, l'estradizione, l'espulsione e l'espatrio, e più in generale i diritti e doveri reciproci tra lo straniero e lo Stato brasiliano.

L'entrata e relativa permanenza degli stranieri in territorio brasiliano dipende dal tipo di visto che viene rilasciato dalle autorità competenti. Esistono sette tipologie diverse di visto che autorizzano a soggiornare in Brasile:

1) transito
2) di turismo
3) temporaneo
4) permanente
5) cortesia
6) ufficiale
7) diplomatico

Le condizioni per il rilascio del visto sono stabilite dalla legge. È tuttavia compito del Ministero della Giustizia e di quello del Lavoro la disamina dei singoli casi.

Le autorità hanno ampia discrezionalità per quanto concerne l'esame delle richieste, in quanto per la concessione del Visto, in particolare per quanto riguarda quello di natura permanente, prevalgono gli interessi nazionali.

Soggiorno temporaneo

Il visto temporaneo (da non confondere con il visto per turismo o transito che hanno natura diversa) consente allo straniero di soggiornare in Brasile per un periodo determinato di tempo e per esigenze specifiche, anche di lavoro.

Rientrano tra questa tipologia di visto quello di soggiorno per motivi di lavoro dipendente e/o distacco, culturale o di studio, viaggio di affari, attività scientifica, artistica o sportiva, nonché per altre attività professionali qualificate, da documentarsi tramite apposito contratto sottoscritto con società locali oppure con lo Stato brasiliano. Vi rientrano pure i visti rilasciati per il soggiorno di corrispondenti stranieri di mezzi di comunicazione stranieri, nonché di missionari.

La durata del visto di soggiorno per viaggi di affari o attività artistica o sportiva è pari a 90 giorni, prorogabile per altri 90 giorni, d'accordo con la discrezionalità delle Autorità Brasiliane.

Per motivi di lavoro, culturali, professionali, scientifici e tecnici, il relativo visto consente allo straniero di soggiornare in Brasile per tutto il tempo di durata della missione o del relativo contratto di lavoro o del distacco. I contratti di lavoro devono essere autorizzati dal Ministero del Lavoro e dell'Assicurazione sociale.

Gli stranieri in possesso di visto per soggiorno temporaneo possono portare in Brasile i loro beni personali, a eccezione degli autoveicoli. Questi beni sono ammessi in Brasile senza bisogno di esperire la procedura d'importazione, in regime di ammissione temporanea.

Il visto per soggiorno temporaneo, tuttavia, non autorizza i titolari a costituire società individuali in Brasile né ad assumere cariche di amministratore, né di direttore di società brasiliane. Per svolgere queste attività è necessario il visto per soggiorno permanente.

I titolari di un visto per soggiorno temporaneo concesso per attività remunerata, possono esclusivamente esercitare l'attività remunerata per la quale sono stati autorizzati; è precluso lo svolgimento di qualsiasi altra attività remunerata in Brasile.

In generale non è autorizzata la conversione del visto di transito, per turismo o soggiorno temporaneo in visto per soggiorno permanente, ad eccezione dei visti concessi ai professori o ai missionari.

Soggiorno permanente

Il visto per soggiorno permanente è rilasciato allo straniero che intenda stabilirsi definitivamente in Brasile. Il rilascio di questo

tipo di visto è condizionato a certi requisiti, piuttosto severi, che di regola sono valutati in considerazione dell'interesse nazionale.
Gli stranieri in possesso di visto, sia temporaneo che permanente, devono presentarsi entro 30 giorni dall'arrivo al Ministero della Giustizia, per essere inseriti negli appositi registri e solo dopo l'inserimento viene rilasciata la carta d'identità.
Lo straniero ha l'obbligo di denunciare alle autorità brasiliane ogni cambiamento di residenza. Inoltre, le pubbliche amministrazioni, le società e gli enti brasiliani (per esempio gli istituti di educazione) devono comunicare alle autorità la presenza di stranieri loro dipendenti, collaboratori o studenti.
Ove il titolare di un visto per soggiorno temporaneo o permanente intenda uscire per un breve periodo dal Brasile, non è tenuto a fornire nessuna comunicazione alle autorità ed il visto non verrà cancellato né revocato.
Trattandosi di visti per soggiorno permanente, l'assenza dal Brasile per un periodo di oltre 2 anni ininterrotti comporta la decadenza del visto stesso.

Soggiorno di amministratori o dipendenti di società straniere

Il Ministero del Lavoro può concedere il visto permanente ai direttori, dirigenti o altro personale facente parte dello staff di una società straniera o gruppo economico aventi partecipazione societaria di una società costituita ai sensi della legge brasiliana.
È requisito indispensabile per la concessione del visto, la dimostrazione, da parte della società straniera, di avere avviato un'attività che abbia come effetto quello di incrementare la produttività locale e i posti di lavoro.

VISTO PERMANENTE

Esistono diverse categorie di VISTI per stranieri che intendono acquistare proprieta` in Brasile e/o viverci. Riteniamo che i nostri clienti saranno interessati principalmente in due di queste categorie:

- **VISTO PERMANENTE 1C per Pensionati oltre 50 anni di eta`**
- **VISTO PERMANENTE per Matrimonio**
- **VISTO PERMANENTE 2A per Investimenti**

1C – Pensionati di oltre 50 anni di eta`

I Pensionati possono ottenere residenza permanente se possono dimostrare di aver diritto ad una pensione mensile di un minimo di $2000 oppure poter dimostrare la possibilita` di trasferire un minimo di $2000 mensili a vita, somma valida per una persona piu`due a carico. La documentazione deve essere convalidata.

- Estratti dei Certificati di Nascita e di Matrimonio (se necessario)
- Copia del Passaporto
- Certificato di Residenza (ultimi 12 mesi)
- Certificato Penale
- Prove per le persone a carico (se necessario)

N.B. Tutti i documenti devono essere ufficialmente tradotti e autenticati dal Consolato Brasiliano. Gli italiani sono esenti dalla normale tassa pagata al Consolato dagli stranieri.

Coloro che sono in possesso del visto permanente in Brasile sono esenti dal pagamento della tassa di dogana su beni personali o necessari allo svolgimento della
loro attivita` professionale.
Il Consolato si riserva il diritto di richiedere ulteriore documentazione.

Visto permanente per Matrimonio

I casi possono essere diversi:

1) *matrimonio celebrato in Italia con cittadino/a brasiliana e richiesta del visto al consolato brasiliano in Italia.*

Tale situazione richiede innanzitutto l'emissione del nulla osta per la parte brasiliana che intende sposarsi in Italia e deve essere fatta presso il consolato brasiliano di giurisdizione del comune in cui risiede la parte italiana (Roma o Milano). La parte brasiliana per l'ottenimento dell'attestazione dovrà produrre: due dichiarazioni firmate da due testimoni (che possono essere fatte in Brasile in cartorio o in Italia da cittadini di qualsiasi nazionalità, il modello da compilare è scaricabile dal sito dei consolati), registro di nascita originale emesso da non più di sei mesi, passaporto e copia di un documento di identità della persona italiana da sposare. Con il Nulla Osta consolare e il passaporto è possibile contrarre matrimonio in Italia, cosa importante è che ne per il Nulla Osta ne per il matrimonio è necessario esibire o avere in regola il permesso di soggiorno. Fatto il matrimonio è necessario registrarlo all'ufficio dello stato civile in consolato e con il certificato di registrazione unito al casellario giudiziario, carichi pendenti, altri documenti emessi dal comune ed una dichiarazione dello/a sposo/a brasiliano/a è possibile richiedere il visto permanente che sarà apposto sul passaporto del richiedente dall'ufficio consolare, occorrono minimo due mesi dall'inoltro della domanda per ottenere il visto.

2) *matrimonio celebrato in Italia con cittadino/a brasiliana e richiesta del visto alla polizia federale in Brasile.*

E' possibile sposarsi in Italia, entrare da turista in Brasile e richiedere il visto permanente direttamente alla polizia federale in Brasile, il tal caso il matrimonio celebrato in Italia dovrà essere stato prima trascritto in consolato e poi al competente ufficio civile in Brasile, solo dopo tale ultima registrazione il matrimonio ha piena validità legale in Brasile ed è possibile inoltrare alla polizia federale la richiesta di visto (pedido de permanencia definitiva com base em casamento), documenti in genere necessari in tal caso sono il registro di matrimonio, copia autenticata in cartorio di tutte le pagine del passaporto, certificato generale del casellario giudiziario legalizzato in procura e poi in consolato brasiliano in Italia e tradotto in Brasile, foto tessera dei coniugi, copia autenticata in cartorio di documento di identità del coniuge brasiliano e tassa di permanenza di circa 40 euro. Se tutta la documentazione è in regola verrà subito emesso un permesso provvisorio di permanenza valido fino alla decisione finale sulla richiesta effettuata, che ovviamente sarà data dal risultato di alcuni controlli che polizia federale farà, l'effettiva carta di identità per stranieri potrà giungere anche dopo due o tre anni.

3) *matrimonio celebrato in Brasile con cittadino/a brasiliana e richiesta del visto al consolato Brasiliano in Italia.*

E' possibile sposarsi in Brasile, rientrare in Italia e richiedere il visto permanente al consolato Brasiliano in tal caso non è necessaria nessuna trascrizione in quanto il matrimonio ha già piena validità essendo stato celebrato in Brasile, oltre ad una fotocopia autentica (fatta in cartorio in Brasile o allo stesso consolato) del certificato di matrimonio è necessaria una dichiarazione della parte brasiliana ed altri documenti da produrre in Italia, tale procedura è chiaramente in indicata sui siti internet dei consolati brasiliani in Italia (Roma o Milano – www.consbrasroma.it – www.consbrasmilao.it)

4) *matrimonio celebrato in Brasile con cittadino/a brasiliana e richiesta del visto alla polizia federale in Brasile.*

E' possibile entrare in Brasile da turista, con tutta la dovuta documentazione, sposarsi in Brasile e presentare direttamente la domanda di visto permanente alla polizia federale. In tal caso bisogna stare attenti a non farsi mancare tutti i documenti necessari sia per il matrimonio che per la successiva richiesta di visto. Per sposarsi sarà necessario produrre in Italia l'estratto di nascita con maternità e paternità ed il certificato cumulativo di stato libero, cittadinanza e residenza da legalizzare in prefettura e poi al consolato brasiliano in Italia e successivamente da tradurre in Brasile, poi quando si è in possesso del certificato di matrimonio è necessario avere tutti gli altri documenti già indicati al punto 2. La validità dei documenti fatti in Italia è di 90 giorni, tempo più che sufficiente ad espletare entrambe le pratiche.

Spesso i documenti possono variare da stato a stato ed anche da cartório a cartório nello stesso municipio. Sia i cartóri che la polizia federale possono richiedere documentazioni aggiuntive, quindi il consiglio migliore è sempre quello di informarsi direttamente presso l'ufficio dove si svolge una determinata pratica. In prima fase nel caso di "pedido de permanencia definitiva com base em casamento" non viene concesso un "visto permanente" ma solo un permesso provvisorio, la polizia in caso di matrimonio farà i dovuti controlli finalizzati a verificare che il matrimonio sia reale. Altra cosa che non tutti sanno è che dal momento in cui si ha in mano il permesso provvisorio fino della notifica dell'avvenuta concessione della permanenza definitiva si è obbligati a permanere in Brasile e non si può stare fuori dal paese per più di tre mesi consecutivi.

La "Resolução Normativa n ° 45, de 14 de março de 2000" prevede il visto permanente per trasferimento di pensione lo ottiene il pensionato straniero che decide di vivere in brasile, la pensione deve avere un certo importo minimo che è possibile vedere aggiornato sul sito della polizia federale (http://www.dpf.gov.br).

Altro caso di visto permanente è quello di un figlio in Brasile

Chi ha un figlio in Brasile, e quindi cittadino brasiliano (come in Italia chiunque nasce sul territorio dello stato ne è cittadino anche se da genitori stranieri o irregolari), ottiene il visto a condizione che il figlio viva con lui, o se vive con altra persona, ad esempio con la madre, deve dipendere economicamente dal padre, in pratica il padre lo deve sostenere economicamente; infatti tale tipo di visto è giustificato nell'interesse e sostentamento del minore.

Ultimo caso può essere quello di ottenimento di un visto permanente per convivenza, un segno di civiltà da cui dovremmo prendere un serio esempio, che da la possibilità di permanenza a chi magari è in attesa di divorzio o, per vari motivi non può contrarre matrimonio; può essere concesso il visto ad una persona straniera che ha una stabile convivenza con un cittadino/a brasiliano e lo/a sostenga moralmente ed economicamente. I controlli sono seri e la convivenza deve essere effettiva, non basta una semplice dichiarazione della convivente ed è necessaria istituire una pratica presso il "foro" (tribunale) in Brasile che omologhi la situazione di coppia di fatto con una sentenza. Successivamente con tale certificazione ed altri documenti la Polizia Federale può rilasciare un visto permanente che resta però sempre vincolato a questa unione. Per tale tipo di pratica è necessario rivolgersi ad un avvocato, in quanto l'iter è complesso.

Passando ai visti temporanei, come specificato sopra, ne esistono molti e possono rappresentare una valida alternativa momentanea a chi vuole tentare il trasferimento definitivo in Brasile, il sito del consolato di Milano www.consbrasmilao.it ha la pagina dedicata molto chiara e completa di informazioni in merito. Uno dei tipi di visti temporanei più frequenti è quello per lavoro; la pratica va iniziata in Brasile dall'impresa chiamante ed il visto viene apposto in Italia sul passaporto del chiamato dal consolato brasiliano, occorre che l'impresa in Brasile presenti dei documenti, il contratto di lavoro e certifichi un titolo di studio o esperienza idonea alla mansione lavorativa per cui il chiamato si recherà in Brasile, questo tipo di visto viene concesso in valutazione alla necessità di ingresso nel paese di mano d'opera specializzata e viene valutato di caso in caso. I documenti possono essere inviati dal chiamato anche per posta dall'Italia all'impresa chiamante che poi completa la pratica in Brasile presso il ministero del lavoro, questo ultimo da al consolato in Italia il nulla osta per apporre il visto sul passaporto del chiamato, a questo punto il beneficiario entra in Brasile con il visto ed il contratto di lavoro già approvati.

Da rammentare comunque che non tutti i visti si ottengono solo presentando i documenti previsti, tutti sono soggetti alle decisioni ministeriali, possono essere richieste documentazioni supplementari a discrezione dei funzionari adibiti al controllo e/o al rilascio del visto, frequenti sono seri controlli della polizia federale finalizzati a verificare che le situazioni che danno diritto al visto esistano di fatto e non siano fittizie; ad esempio, si sa che molti matrimoni sono fittizi e quindi il controllo sulla effettiva convivenza presso il domicilio degli sposi esiste sempre, come possono esistere controlli sui luoghi di lavoro, sugli investimenti, ecc. Se viene scoperta una situazione fittizia pesanti sono le sanzioni che possono portare all'espulsione e/o a pagamenti di varie sanzioni. Al contrario del nostro paese, dove l'espulsione ha una validità decennale, in Brasile l'espulsione è permanente e il procedimento di revoca è lungo e complesso.

Riguardo alle informazioni ed alle procedure presso i consolati brasiliani in Italia possiamo affermare per diretta esperienza che gli stessi fanno un ottimo lavoro, dando la migliore disponibilità, ma è ingente la mole di lavoro che hanno e la quantità di persone Italiane e Brasiliane che devono assistere, quindi spesso i tempi di alcune pratiche non sono brevi. Il consolato di Roma ha attivato delle procedure che semplificano molte pratiche, come il poter fare molte cose per posta o corriere, senza la necessità di presentarsi di persona e possiamo testimoniare che il servizio funziona benissimo. Sia il consolato di Roma che quello di Milano non danno informazioni telefoniche, il che non è un disservizio in quanto le risposte alle e-mail sono rapide, complete e professionali con i dovuti allegati, modelli di documenti, etc..., poi se la domanda è particolare o poco chiara per loro, non esitano a telefonarvi, quindi se avete bisogno di informazioni verificate dai siti internet quale è il consolato della vostra giurisdizione (www.consbrasroma.it – www.consbrasmilao.it) e mandate una mail con il vostro numero di telefono in un paio di giorni avrete la risposta, eventuali modelli di documenti ed altro. Questo è un sistema abbastanza usato anche in Brasile, mentre in Italia, tranne qualche caso, spesso stiamo ancora alle lunghe e costose attese telefoniche senza ottenere sempre l'informazione desiderata.

Nello stato del Ceará e quindi Fortaleza la delegazione per gli stranieri della polizia federale è ubicata all'interno dell'aeroporto internazionale Pinto Martins al primo piano.

Regole generali per la validità dei documenti italiani in Brasile

- Tutti i documenti rilasciati dal Comune, dalle Strutture Sanitarie (ASL), dalle strutture scolastiche, etc..., devono essere legalizzati in Prefettura.
- Tutti i documenti rilasciati dal Cancelliere del Tribunale o in Procura devono essere legalizzati in Procura (ossia apportare la firma del procuratore o sostituto procuratore)

Infine, tali documenti dovranno poi *essere legalizzati anche presso il Consolato del Brasile nella giurisdizione di appartenenza* (Roma per il cento-sud Italia / Milano per il nord)

Quando si legalizzano i documenti in Prefetture e Procure è bene accertarsi che la firma di chi legalizza il documento sia stata depositata al consolato del Brasile di competenza (Roma o Milano), in quanto, in caso negativo il documento non sarà poi legalizzato in consolato. E' un'informazione che in genere viene subito fornita dall'ente italiano.

Nesssun documento italiano semplicemente tradotto in Brasile, anche da traduttore giurato, ha valore legale se non

si segue questa procedura. In alcuni casi potrebbero anche essere accettati ma se si tratta di pratiche presso ministeri o polizia federale è bene attenersi a tale procedura.

2A - Visto per Investimenti

In circostanze approvate e` possibile ottenere un visto permanente.
I candidati devono rivolgersi direttamente al *Ministerio de Trabalho e Emprego* (Ministero del Lavoro e dell`Impresa) in Brasile, oppure ad uno degli offici regionali.

Se un agente immobiliare o un costruttore Vi dicono che acquistando la loro proprietà in Brasile con un prezzo di acquisto superiore ad un valore di $50.000 USD avrete diritto a richiedere il Visto Permanente brasiliano da investimento (2A), bhè stanno semplicemente mentendo e pure male!

Il valore minimo di investimento è stato riveduto e aumentato ad un valore in Reais brasiliani pari a R$150.000 ormai nel lontano Febbraio 2009, e con l'aggiunta di una revisione del Vostro investimento dopo soli 3 anni, rispetto ai precedenti 5 anni. Ma in ogni caso non si può, e non si potrebbe mai semplicemente acquistando un immobile per un valore minimo di R$150.000 beneficiare di un Visto Permanente da investimento. Molti sono stati ingannati su questo punto in passato.

Cerchiamo di spiegare come si può beneficiare del Visto Permanente da investimento 2A in Brasile. Prima di tutto è necessario aprire una nuova società brasiliana o investire in una società brasiliana già esistente. Per aprire una nuova società, la tempistica è di circa 20 giorni ed il costo di un commercialista per questo servizio è di circa R$2000. Una Sociedade Limitada (Ltda), l'equivalente di una S.R.L., è tenuta ad avere un minimo di 2 soci, i quali possono distribuirsi fra loro qualsiasi percentuale, vale a dire anche il 99,5% - 0,5%. Il partner scelto non deve essere un brasiliano come molte persone sembrano credere o come vogliono farvi credere (tra cui purtroppo non pochi avvocati in Brasile). Ciò che è necessario, però, ed è proprio su questo punto che nasce gran parte della confusione, è la necessità di un amministratore della società che sia brasiliano o uno straniero che abbia già il Visto Permanente RNE, appunto per amministrare la società almeno fino a quando il proprietario della stessa ottenga il suo Visto Permanente (ed il relativo numero di RNE). A questo punto e' possibile licenziare l'amministratore divenendo l'amministratore, oltre che socio, della società stessa.

Questo è il passaggio più importante, è necessario avere fiducia nell'amministratore che si è scelto. L'amministratore automaticamente avrà pieni poteri e accesso al conto bancario della società costituita. Per essere più sicuri si possono aggiungere delle limitazioni sui poteri dell'amministrare nel contratto societario, in questo modo lo stesso potrebbe essere perseguito giudizialmente nell'eventualità utilizzasse il denaro della società per scopi personali. Questo non impedirebbe all'amministratore di accedere al conto societario, ma se l'amministratore "rubasse" il denaro dal conto societario almeno la legge sarebbe dalla Vostra parte.

Con la nuova società brasiliana aperta e con il relativo conto bancario societario aperto, potete quindi:

1. Trasferire un minimo di R$150.000 nella vostra società dal Vostro conto personale al conto della società in Brasile.
2. Oppure Investire un minimo di R$150.000 in una società brasiliana già esistente. Se optate per questa soluzione si consiglia di effettuare attente ricerche e verifiche su eventuali debiti della società.
3. È possibile anche investire meno di R$150.000 per beneficiare di del Visto Permanente da investimento, ma per godere di questa opzione è necessario "convincere" per mezzo di un approfondito business-plan il Ministero del Lavoro e

Occupazione brasiliano come anche il Consiglio per l'Immigrazione brasiliano e dimostrare come la Vostra società realizzerà minimo 10 nuovi posti di lavoro per cittadini brasiliani locali e come la società dia uno sviluppo concreto all'economia locale. Non finisce qui, una volta ottenuto il Visto Permanente sarà poi necessario dimostrare concretamente i pressupposti sopra esposti pena la revoca dello stesso. Questa opzione è la più difficile da realizzare.

Con il vostro denaro investito nella Vostra società brasiliana ora potete fare richiesta al Consiglio Nazionale per l'Immigrazione del Vostro Visto Permanente brasiliano. Un avvocato e/o commercialista svolgerà questo servizio ed il costo varia da circa R$3000 a R$6.000 oppure potete optare per un pacchetto completo (apertura società ed ottenimento Visto Permanente) ad un costo a partire da circa R$5.000 fino a R$10.000. Dal momento della domanda ed invio della relativa documentazione l'approvazione per il Visto richiede minimo 60gg.

La vostra società ora finalmente può acquistare una proprietà immobiliare. Ma attenzione:

(i) per i primi 3 anni la vostra società può essere messa sotto controllo in qualsiasi momento, facendo si anche che il visto non sia rinnovato dopo il periodo di tre anni. E' il dipartimento della Polizia Federale ad effettuare i controlli per stabilire l'esistenza fisica della società e le attività che essa svolge.

(ii) un immobile di proprietà di una società non ha i vantaggi fiscali sulle plusvalenze realizzate dalla vendita dell'immobile rispetto ad un immobile di proprietà di una semplice persona fisica.

Quindi di regola è meglio acquistare immobili in Brasile come semplice persona fisica.

Riassumendo il Visto Permanente brasiliano per investimento 2A può essere rilasciato a coloro che investono un minimo di R$ 150.000 (reais brasiliani) in una nuova o gia' esistente societa' brasiliana. Inoltre la societa' sulla quale si investe deve soddisfare *le nuove normative sull'assunzione di uno o piu' dipendenti della stessa.*

I requisiti necessari per questo visto sono:

- Copie dei passaporti
- Certificati Penali
- Certificati di Vaccinazione (se necessari)
- Tassa del Consolato

Il Ministero si accertera` sull` autenticita` delle domande, sulla validita` dei posti di lavoro per brasiliani, il genere di attivita`, etc. Dettagli della procedura per questo tipo di visto si possono richiedere direttamente al Ministero:

**Ministerio de Trabalho e Emprego
Tel: 0055 61 317 6417
Fax: 0055 61 321 0652**

Tutti i documenti dovranno essere ufficialmente tradotti e autenticati.

<u>**Nota bene: i dettagli possono cambiare.**</u>

Di seguito Nuova Normativa in vigore per ottenere il Visto per Investimento :

**MINISTÉRIO DO TRABALHO E EMPREGO
CONSELHO NACIONAL DE IMIGRAÇÃO
RESOLUÇÃO NORMATIVA Nº. 84, DE 10 FEVEREIRO DE 2009.**

Disciplina a concessão de autorização para fins deobtenção de visto permanente para investidor estrangeiro - pessoa física.

O CONSELHO NACIONAL DE IMIGRAÇÃO, instituído pela Lei nº 6.815, de 19 de agosto de 1980 e organizado pela Lei nº 10.683, de 28 de maio de 2003, no uso das atribuições que lhe confere o Decreto nº 840, de 22 de junho de 1993, resolve:

Art. 1º O Ministério do Trabalho e Emprego poderá autorizar a concessão de visto permanente ao estrangeiro que pretenda fixar-se no Brasil com a finalidade de investir recursos próprios de origem externa em atividades produtivas.

Parágrafo único. Tratando-se de investimento que, em razão do número de investidores estrangeiros, acarrete substanciais impactos econômicos ou sociais ao país, o pleito poderá ser encaminhado pelo Ministério do Trabalho e Emprego ao Conselho Nacional de Imigração para decisão.

Art. 2º A autorização para concessão de visto permanente ao estrangeiro ficará condicionada à comprovação de investimento, em moeda estrangeira, em montante igual ou superior a R$ 150.000,00 (cento e cinquenta mil reais).

§ 1º O disposto neste artigo aplica-se a empresa nova ou a já existente.

§ 2º Na apreciação do pedido, será examinado prioritariamente o interesse social, caracterizado pela geração de emprego e renda no Brasil, pelo aumento de produtividade, pela assimilação de tecnologia e pela captação de recursos para setores específicos.

§ 3º O Conselho Nacional de Imigração poderá alterar o valor mínimo de investimento estabelecido no **caput** do presente artigo por meio de Resolução Administrativa.

Art. 3º O Conselho Nacional de Imigração poderá autorizar a concessão de visto permanente para o empreendedor que pretenda fixar-se no Brasil para investir em atividade produtiva, mesmo que o montante do investimento seja inferior ao previsto no **caput** do art. 2º desta resolução Normativa.

§ 1º Na análise do pedido, será verificado o interesse social do investimento conforme os seguintes critérios:
I - quantidade de empregos gerados no Brasil, mediante a apresentação de Plano de Investimento, onde conste programa anual de geração de empregos a brasileiros;
II - valor do investimento e região do país onde será aplicado;
III – setor econômico onde ocorrerá o investimento; e
IV – contribuição para o aumento de produtividade ou assimilação de tecnologia.

§ 2º Em suas decisões, o Conselho Nacional de Imigração levará em consideração especialmente os investimentos oriundos de empreendedores nacionais de países sul americanos.

Art. 4º O pedido de autorização para concessão de visto permanente deverá ser instruído com os seguintes documentos:
I - requerimento modelo próprio;
II - procuração por instrumento público, quando o investidor estrangeiro se fizer representar;
III - contrato social ou ato constitutivo da empresa beneficiada pelo investimento, registrado no órgão competente, com o capital estrangeiro investido devidamente integralizado;
IV - SISBACEN - registro declaratório de investimento externo direto no Brasil ou contrato de câmbio emitido pelo Banco receptor do investimento, nos códigos de natureza fato que caracterizam o investimento direto estrangeiro no Regulamento do Mercado de Câmbio e Capitais Internacionais - RMCCI;
V - comprovante original de recolhimento da taxa individual de imigração em nome da empresa requerente;
VI - recibo de entrega da declaração do imposto de renda do último exercício fiscal da empresa requerente, quando couber; e
VII – Plano de Investimento que atenda ao disposto no § 2º do

art. 2º desta Resolução Normativa.
Parágrafo único. Sempre que entender cabível, a Coordenação-Geral de Imigração/MTE poderá solicitar diligências *in loco*, pela fiscalização das Superintendências Regionais do Trabalho e Emprego ou pelo Departamento de Policia Federal.
Art. 5º O Ministério do Trabalho e Emprego comunicará ao Ministério das Relações Exteriores as autorizações, para concessão do visto no exterior por missões diplomáticas, repartições consulares de carreira e vice-consulados.
Art. 6º Constarão da primeira Cédula de Identidade do Estrangeiro - CIE a condição de investidor e o prazo de validade de três anos.
Art. 7º O Departamento de Polícia Federal substituirá a CIE quando do seu vencimento, fixando sua validade nos termos do disposto na Lei nº 8.988, de 24 de fevereiro de 1995, mediante comprovação de que o estrangeiro continua como investidor no Brasil, com a apresentação dos seguintes documentos:
I - comprovante de pagamento da taxa referente à substituição da CIE;
II - Cédula de Identidade do Estrangeiro – CIE original;
III - cópia autenticada do ato legal que rege a pessoa jurídica, devidamente registrado no órgão competente;
IV - Declaração do Imposto de Renda do último exercício fiscal da empresa e respectivo recibo de entrega;
V - cópia da Relação Anual de Informações Sociais - RAIS relativa aos últimos dois anos, que demonstre o cumprimento da geração de empregos prevista no Plano de Investimento, quando aplicável; e
VI – cópia da última guia de recolhimento do Fundo de Garantia do Tempo de Serviço - FGTS, constando a relação de empregados.
§ 1º Sempre que entender cabível, o Departamento de Polícia Federal poderá efetuar diligências *in loco*, para a constatação da existência física da empresa e as atividades que vem exercendo.
§ 2º A substituição da CIE deverá ser requerida até o seu vencimento, sob pena de
cancelamento do registro como permanente.
Art. 8º Esta Resolução Normativa entra em vigor na data de sua

publicação.
Art. 9º Fica revogada a Resolução Normativa nº 60, de 06 de outubro de 2004.

PAULO SÉRGIO DE ALMEIDA
Presidente do Conselho Nacional de Imigração
Publicada no DOU N º. 31, de 13 de fevereiro de 2009.

ORDEM DE SERVIÇO/GM/CGIg/ Nº 01/09

Define procedimentos operacionais da Coordenação-Geral de Imigração em relação às solicitações com base na Resolução Normativa nº 84/2009.

O COORDENADOR-GERAL DE IMIGRAÇÃO, no uso de suas atribuições legais e considerando a necessidade de uniformizar os procedimentos de análise de solicitação de autorização para visto permanente ao investidor estrangeiro nos termos da Resolução Normativa nº 84/2009 do Conselho Nacional de Imigração,

RESOLVE:

1. Na análise dos pedidos de autorização para visto permanente com base na Resolução Normativa nº 84/2009, serão utilizados os seguintes critérios para definir o interesse social do investimento conforme o previsto no art. 2º, §2º da mesma

Resolução:
a) geração de emprego e renda no Brasil;
b) aumento de produtividade;
c) assimilação de tecnologia; e
d) captação de recursos para setores específicos.

2. O critério de maior importância para definir o interesse social do investimento conforme o previsto no art. 2º, §2 da RN nº 84/09 será a geração de emprego e renda no Brasil pelo investidor estrangeiro.

3. A geração de emprego e renda deve ocorrer já no primeiro ano de funcionamento do empreendimento, contado da data do deferimento da autorização para visto permanente ao estrangeiro.

4. A geração de emprego indireto também pode ser computada, mas necessariamente o empreendimento deve ter geração própria de empregos.

5. O aumento de produtividade, a assimilação de tecnologia e a captação de recursos para setores específicos são critérios que complementam a geração de emprego e renda para definir o interesse social do investimento conforme o previsto no art. 2º, §2 da RN nº 84/09.

6. A análise do interesse social do investimento conforme o previsto no art. 2º, §2 da RN nº 84/09, será realizada por meio do Plano de Investimento apresentado pelo requerente nos termos do art. 4º, inciso VII da RN nº 84/09.

7. O Plano de Investimento deve estabelecer claramente a utilização dos recursos investidos, devendo conter necessariamente os seguintes tópicos:
a) Definição do Negócio:
i) setor econômico e localização;
ii) descrição do serviço a ser prestado; e
iii) concretização do investimento e prazo para início das

atividades.
b) Objetivo do Empreendimento:
i) importância do investimento para a localidade e para o setor econômico;
ii) tecnologia e serviços envolvidos;
iii) programas governamentais e locais;
iv) existência de parcerias;
v) mercado pretendido; e
vi) estratégia de desenvolvimento do negócio.
c) Geração de Emprego e Renda:
i) plano de contratação nos três primeiros anos (quantidade de empregados e cargos);
ii) salários a serem pagos; e
iii) investimento na capacitação e qualificação dos funcionários.
d) Plano Financeiro: descrição da aplicação do valor investido.

8. Outros pontos que serão considerados essenciais à análise:
a) Consistência do pedido: inexistência de incoerências, de dados divergentes ou não
confirmados e de afirmações contraditórias; e
b) Currículo do estrangeiro: deve ser analisada a formação e a experiência profissional do investidor estrangeiro em relação ao empreendimento, conforme informado no Formulário "Dados da Requerente e do Candidato".

9. Após a concessão da autorização para visto permanente com base na RN nº 84/09, anualmente, a Coordenação-Geral de Imigração deverá verificar o cumprimento do Plano de Investimento informado, especialmente no que se refere à geração de emprego e renda.

10. Caso comprovado o descumprimento do Plano de Investimento, a autorização concedida deverá ser cancelada.

11. Publique-se no Boletim Interno e na página eletrônica deste Ministério.

12. Dê-se ciência às chefias e demais servidores desta Coordenação-Geral.

Brasília, DF em 10 de junho de 2009
Paulo Sérgio de Almeida
Coordenador-Geral de Imigração

Modalità di Richiesta del *Visto Permanente* come Investitore Straniero in Società Brasiliana

Si ricordi, che se la richiesta del Visto Permanente è legata a un Investimento Straniero effettuato in Brasile in società nuove o già esistenti, da parte di <u>Persone Fisiche Straniere</u>, l'importo minimo da investire proveniente dall'estero deve essere di R$ 150.000,00 in base alla "Resolução Normativa" numero 84 / 2009 del 10 Febbraio 2009.

Resta inalterato l'importo di USD$ 200.000,00 nel caso in cui l'investimento venga effettuato da <u>Persone Giuridiche Straniere</u>. Su valutazione del Consiglio Nazionale d'Immigrazione, pur non investendo USD$ 200.000.00 ma assumendo ufficialmente 10 brasiliani, per almeno 2 anni, oltre a un investimento di almeno USD$ 50.000,00 si ha diritto a richiedere il visto permanente come da "Resolução Normativa" numero 62 / 2004 dell' 8 Dicembre 2004.

Informazioni aggiornate sui visti temporanei e permanenti per lavoro sono disponibili nel sito del Ministero del Lavoro Brasiliano all'indirizzo www.mte.gov.br (Internacional – Trabalho Estrangeiro – Legislação – Resoluções Normativas).

Ulteriori importanti specifiche riguardo i visti per investimento, sono reperibili nel sito del Consolato Generale del Brasile a Milano www.brasilemilano.it e a Roma www.consbrasroma.it .

COSA FARE E COSA... *NON FARE!*

- E' buona cosa andare in giro sempre con la copia del Vostro passoporto autenticata in cartorio (altrimenti non ha valore) da poter mostrare eventualmente ad un controllo.

- Sempre appoggiarsi ad un avvocato o ad un agente immobiliare qualificato per la verifica della documentazione per l'acquisto di immobili etc...

- Rivolgetevi sempre ad un agente immobiliare regolarmente registrado al CRECI che curi le vostre compra-vendite

- Ricercate le aeree dove volete acquistare. Cercate di visitare personalmente le proprietà o location e richiedete la consulenza di un agente immobiliare europeo qualificato che conosca direttamente le proprietà e/o gli imprendimenti.

- Se pianificate di rimpatriare i vostri soldi in Italia in futuro, la miglior cosa è registrare i vostri pagamenti al Banco Centrale del Brasile così sarà semplice dimostrare da dove sono arrivati i vostri soldi quando vorrete reinviarli in Italia.

- Come acquirenti cercate un'agenzia immobilare con uno staff che parli italiano e portoghese residente in Brasile, avere un agente europeo che segua il vostro investimento direttamente in loco vi farà risparmiare tempo, soldi e stress.

- Come in ogni mercato immobiliare nel mondo la location è la chiave di tutto. Rivolgetevi ad un agente immobiliare che conosca profondamente il mercato e vi aiuti a scegliere la location e proprietà e a negoziare il miglior prezzo.

- Siate chiari il più possibile sulle ragioni del Vostro acquisto : vacanze, pensionamento, stile di vita, affari, investimento etc...

... NON FARE !

- Il Brasile non è il paese dell'improvissazione! Non provate neanche a pensarlo, controllate e ricontrollate sempre tutto ! I soldi per le parcelle di avvocati qualificati, commercialisti qualificati ed agenti immobiliari qualificati sono il Vostro miglior investimento !

- Non credete a niente che non è scritto, che non sia stato verificato prima sia da un agente immobiliario, da un buon avvocato e che un buon commercialista vi abbia dettagliatamente raccontato le tasse da pagare e come gestire le transferenze.

- Richiedete la consulenza di professionisti che abbiano già una grande esperienza con stranieri e con chiare referenze dimostrabili. Consultate sempre più di un professionista prima di scegliere quello più idoneo per voi.

- Attenzione a chiunque vi offra una rendita garantida : è impossibile garantirla.

- Se aprite una società non date percentuali, neanche l'1% ad un brasiliano/a, non è vero che per legge bisogna obbligatoriamente avere un socio brasiliano : è una bugia.

- Se per aprire una società avete bisogno di un amministratore brasiliano o uno straniero residente, protendete per uno straniero residente e comunque non appena avete ottenuto voi stessi il Visto Permanente nominatevi amministratore dell'impresa liquidando il primo amministratore.

- Non credete a chi si offre di farvi da amministratore della società gratuitamente, anzi stabilite contrattualmente uno stipendio per rendere più cristallino tutto il processo.

- Se avete intenzione di aprire una società immobiliaria non date percentuali della Vostra società all'agente immobiliare titolato col CRECI, non è vero che per legge siete obbligati a dare una percentuale della vostra società all'agente con il CRECI : è una bugia !

- Se non avete il numero CRECI per operare come agenti immobiliari assumete come tecnico responsabile un agente immobiliare titolato con CRECI come qualunque altro dipendente tecnico.

- Non date percentuali del Vostro terreno rurale (fazenda, sitio, granja etc...) ad un brasiliano perchè vi dicono che siete costretti per legge. E' una bugia ! Uno straniero può essere proprietario di terreni rurali sul territorio brasiliano a meno che non si trovino in zone di confine o che siano superiori a 100 ettari.

- Non acquistate mai proprietà immobiliari senza prima aver verificato con gli organi ambientali cosa si può e cosa non si può fare e/o se trattasi di aree verdi/aree di protezione ambientale/parchi/dune etc...

- Se pensate di acquistare un terreno informatevi sempre prima del piano regolatore della regione/città.

- Non prendete in considerazioni topografie a meno che non siano Planialtimetriche Georeferenziate con GPS . Se l'area in oggetto non ne possiede una è importante rivolgersi ad un professionista per realizzarne una per poter verificare esatte dimensioni dell'area e localizzazione.

- Non credete a storie di occasioni imperdibili dovute a situazioni particolari quali : problemi di salute di parenti o situazioni finanziarie disastrose o di un altro acquirente ad un passo da portare a termine l'acquisto etc... Prendete i Vostri tempi e fate tutte le Vostre verifiche con calma, le buone occasioni ci sono sempre ed a volte il miglior investimento è proprio quello che non si fa...!

- Per la legge brasiliana dopo due anni di convivenza con un brasiliano/a questo/a acquisisce tutti i diritti di marito/moglie come se si fosse regolarmente sposati. Non sottovalutate questa legge...!

- In Brasile una vera e totale separazione dei beni <u>non esiste</u>, non sottovalutate questo aspetto...!

LE CRUDE VERITA'

- In Brasile il ristorantino/chioschetto/pub/pizzeria che siano sulla spiaggia oppure no <u>non sono dei business</u>. Perdita di tempo e soldi e causa di molti stress, tantissima burocrazia e liti/incomprensioni/ricatti da parte del personale brasiliano.

- In Brasile aprire una pousada è un business solamente se siete in grado di garantire matematicamente tramite dei contatti in Italia (tour operator, agenzie di viaggio etc...) l'occupazione dei Vostri posti letto. Altrimenti si verifica la stessa infelice situazione del ristorantino/chioschetto/pub/pizzeria.

COME SEMPRE USARE IL BUON SENSO E' SEMPRE LA SCELTA MIGLIORE !

RAPPRESENTANZE DIPLOMATICHE, CONSOLARI E COMMERCIALI

ITALIA IN BRASILE

Ambasciata d'Italia
S.E.S. - Avenida das Naoes, Quadra 807 - Lote 30
70420-900 Brasilia (DF)
Tel.: (+5561) 4429900
Fax: (+5561) 4431231
e-mail: embitalia@embitalia.org.br
web: www.embitalia.org.br

Consolato Generale di San Paolo
Avenida Higienopolis, 436
01238-905 São Paulo (SP)
Tel.: (+5511) 36637800
Fax: (+5511) 38256443
e-mail: urp.conspao@embitalia.org.br
web: www.italconsul.org.br

Consolato Generale di Curitiba
R. Marechal Deodoro, 630 - 21°Andar
Centro Comercial Italia
80010-912 Curitiba (PR)
Tel.: (+5541) 3041750
Fax: (+5541) 3046451
e-mail: segreteria.concuri@embitalia.org.br
web: www.concuri.org.br

Consolato Generale di Porto Alegre
R. José de Alencar, 313 – Bairro Menino Deus
90880-481 Porto Alegre (RS)
Tel.: (+5551) 32308200
e-mail: urp.poa@embitalia.org.br
web: www.italconsulpoa.org.br

Consolato Generale di Rio de Janeiro
Avenida Presidente Antonio Carlos, 40 - 7° Andar
20020-010 Rio de Janeiro (RJ)
Tel.: (+55.21) 2282.1315
Fax: (+55.21) 2262.6348
e-mail: segreteria.conriod@embitalia.org.br
web: www.conrio.org.br

Consolato di Belo Horizonte
Av. Afonso Pena, 3130 – 12° andar
30130-009 Belo Horizonte (MG)
Tel.: (+55.31) 3281.4224
Fax: (+55.31) 3281.4408
e-mail: conbelo@embitalia.org.br
web: www.conbelo.org.br

Consolato di Recife
Av. Eng° Domingos Ferreira, 2222 - 2° Andar
sala 201- Edf. Robert Gran
51010-030 Recife (PE)
Tel.: (+55.81) 3466.4200
Fax: (+55.81) 3466.4320
e-mail: mailit@italconsulrecife.org.br
web: www.italconsulrecife.org.br

Ufficio ICE
01310-200 São Paulo (SP)
Av. Paulista, 1842 - Cj. 27 - Ed. Cetenco Plaza Torre Norte
Tel.: (+55.11) 3285.5633
Fax: (+55.11) 3283.1468
e-mail: sanpaolo@sanpaolo.ice.it
web: www.ice.it/estero/sanpaolo

Ufficio ICE
80010-010 Curitiba (PR)
Ponto de Correspondência de Curitiba
R. Marechal Deodoro, 630 – Sl. 204
Tel.: (+55.41) 225.7812
Fax: (+55.41) 232.5476
e-mail: ice.curitiba@cnh.com.br

Câmara de Comércio e Indústria Ítalo-Brasileira
Minas Gerais
Av. Afonso Pena, 3130 - Sl. 307
30130-009 Belo Horizonte (MG)
Tel.: (031) 3287.2212
Fax: (031) 3287.2211
e-mail: info@italiabrasil.com.br
web: www.italiabrasil.com.br

Câmara Ítalo-Brasileira de Comércio e Indústria
Rio de Janeiro
Av. Gra"a Aranha, 1 - 6° Andar
20030-002 Rio de Janeiro (RJ)
Tel.: (021) 2262-9141
Fax: (021) 2262.2998
e-mail: info@camaraitaliana.com.br

web: www.camaraitaliana.com.br

Câmara Ítalo-Brasileira de Comércio e Indústria
San Paolo
Av. Paulista, 2073 - Conjunto Nacional
Ed. Horsa II - 24° andar
01311-940 São Paulo (SP)
Tel. (011) 3179.0130
Fax (011) 3179.0131
e-mail: italcam@italcam.com.br
web: www.italcam.com.br

BRASILE IN ITALIA

Ambasciata del Brasile
Piazza Navona, 14
00186 Roma
Tel.: (06) 683981
Fax: (06) 6867858
e-mail: info@ambrasile.it
web: www.ambasciatadelbrasile.it

Consolato del Brasile a Roma
Via Santa Maria Dell'Anima, 32
00186 Roma
Tel.: (06) 6889661
Fax: (06) 68802883
e-mail: consbras@tin.it
web: www.consbrasroma.it

Consolato del Brasile a Milano
Corso Europa, 12 (5° Piano)

20122 Milano
Tel.: (02) 7771071
Fax: (02) 76015628
e-mail: informa@consbrasmilao.it
web: www.consbrasmilao.it

SISTEMA DEL COMMERCIO ESTERO

Il commercio estero brasiliano è sottoposto al controllo del Governo Federale.
Nel caso delle importazioni, il controllo è esercitato al fine di stabilizzare la bilancia dei pagamenti, specie in periodi di crisi economica, nonché di proteggere e stimolare la crescita dell'industria brasiliana ed incentivare gli investimenti stranieri, nel rispetto delle regole dell'OMC.
Il mercato brasiliano ha avuto negli ultimi anni significative aperture verso i prodotti stranieri, in quanto il Governo Federale ha abbassato i dazi di importazioni ed ha snellito la burocrazia doganale.
L'importazione dei prodotti stranieri per il consumo interno brasiliano è soggetta alle norme vigenti del MERCOSUD, in particolare all'applicazione del Dazio Esterno Comune (TEC), secondo le categorie merceologiche di cui alla "Nomenclatura Comune del Mercosud" (NCM).
I dazi doganali variano dallo 0% al 35%. L'intenzione del Governo è quella di ridurre i dazi per portarli ad un tasso medio del 14%. Il dazio viene calcolato sul prezzo di vendita del prodotto, oltre ad assicurazione e nolo a condizioni CIF (Incoterms).
Vi sono, tuttavia, delle limitazioni per quanto riguarda l'importazione di certi beni strumentali. L'importazione di beni aventi caratteristiche simili a quelli prodotti in Brasile non gode di agevolazioni o riduzione di dazi e pertanto risulta molto più onerosa. Compete alla Segreteria del Commercio Estero -

SECEX -, stabilire se vi sia o no identità o somiglianza di caratteristiche tra i prodotti importati e quelli brasiliani. La limitazione, molto spesso, viene utilizzata come una barriera non tariffaria all'importazione.

L'importazione, inoltre, è esentata dal pagamento dell'imposta sui prodotti industrializzati – IPI - e dall'imposta sulla circolazione delle merci e servizi – ICMS.

Le società che intendono abilitarsi all'importazione, sono tenute a registrarsi presso il SICOMEX – RADAR un registro specialmente creato per gestire e controllare le attività di import ed export. Non vi sono dei requisiti particolari per iscriversi; tuttavia, l'autorizzazione per operare deve essere aggiornata periodicamente e d'accordo con il volume operativo delle società.

Per quanto riguarda le esportazioni, le stesse sono incoraggiate dal governo brasiliano. Gli esportatori godono di incentivi fiscali e di agevolazioni finanziarie all'export. Le esportazioni, inoltre, sono esenti dal pagamento dell'IPI e dell'ICMS per tutti i prodotti industriali, mentre è consentita la detrazione delle imposte pagate per l'acquisto delle materie prime ed i beni intermedi incorporati nelle merci destinate all'export.

FILIALI DI SOCIETA' STRANIERE IN BRASILE

Lo stabilimento di succursali di società straniere in Brasile è regolato dalle disposizioni del Decreto-legge n. 2.627, del 26 settembre 1940 (articoli dal 64 al 73), e della Normativa DNRC n. 81, del 5 gennaio 1999.

La società straniera che intende costituire uno stabilimento produttivo in Brasile deve essere autorizzata dal Governo Brasiliano, che si pronuncia con apposito Decreto Presidenziale. Il Decreto e i documenti fondamentali sono pubblicati sulla Gazzetta Ufficiale, mentre gli atti costitutivi devono essere depositati presso il Registro delle Imprese competente.

Adempiute queste formalità e nominato un rappresentante, anche non brasiliano, purché con residenza permanente in Brasile, la società straniera potrà regolarmente operare in Brasile tramite la propria succursale o filiale.

La procedura di autorizzazione di una succursale o filiale di società straniera sconta, tuttavia, un iter burocratico molto complesso e farraginoso che presenta, altresì, notevoli spese. Per queste ragioni le società straniere, salvo poche eccezioni, ne fanno scarso uso, preferendo invece costituire delle vere e proprie società brasiliane, anche partecipate al 100%.

SOCIETA' STRANIERE

Le società straniere, di regola, possono realizzare in Brasile tutti gli atti riguardanti il loro oggetto sociale, senza necessità di preventiva autorizzazione o registrazione. Le società straniere possono, inoltre, essere attori o convenuti in giudizio. La capacità di agire delle imprese straniere è regolata dalla legge del Paese nel quale la stessa è stata costituita.

Contratto di agenzia

Il contratto d'agenzia è regolato in Brasile dalla Legge n° 4.886/65, così come modificata dalle Leggi n° 8.420/92 e 10.406/02. Può essere nominato come agente sia una persona fisica sia una persona giuridica.

Il contratto deve avere necessariamente la forma scritta e deve obbligatoriamente contenere almeno le pattuizioni di seguito indicate:

a) le condizioni e requisiti generali della rappresentanza commerciale;

b) l'indicazione generica o specifica dei prodotti o articoli oggetti del contratto;

c) la durata del contratto (a tempo determinato oppure indeterminato);

d) l'indicazione della zona dell'attività;

e) l'esclusività territoriale o meno;

f) l'esistenza o meno di garanzie;

g) la remunerazione dell'agente, che potrà essere maturata a seguito dell'effettiva conclusione dell'operazione di vendita o dall'incasso del prezzo;

h) l'indennità di cessazione del contratto.

Contratto di vendita internazionale

Per quanto concerne la vendita internazionale, qualora le parti non abbiano scelto la legge applicabile, oppure non abbiano regolato le loro relazioni in maniera specifica (per esempio, con l'accettazione da parte del compratore delle condizioni generali del contratto predisposte da parte del venditore), le regole da applicarsi saranno quelle dettate dalla Convenzione Internazionale di Vienna del 11/04/1980 sulla vendita internazionale, ratificata sia dall'Italia, sia dal Brasile, che disciplina in modo preciso alcuni aspetti essenziali del contratto.

Contratto di distribuzione

In virtù di questo contratto il distributore si impegna ad acquistare e rivendere con carattere di continuità i prodotti del fornitore in

una determinata zona.
Nulla vieta alle parti di stipulare la risoluzione del contratto qualora non sia raggiunto un determinato *target* minimo di vendite.
Va rilevato che in Brasile il contratto di distribuzione, a differenza dell'agenzia, non è regolato da una norma specifica, fatta eccezione a alcune modalità di beni.

Contratto di trasferimento di tecnologia e di assistenza tecnica

Licenza di marchi e di brevetti

I contratti di trasferimento di tecnologia e di "*know how*" devono essere approvati e registrati dall'INPI (Istituto Nazionale della Proprietà Industriale) e dalla Banca Centrale del Brasile.
A seguito dell'entrata in vigore della legge sulla Proprietà Industriale, sono stati soppressi diversi requisiti richiesti per l'approvazione di questi contratti e sono state semplificate le procedure burocratiche.
I contratti di assistenza tecnica che non coinvolgono il trasferimento di "tecnologia" (bene patrimoniale caratterizzato come di natura intangibile) sono simili ai contratti di trasferimento di tecnologia, però non devono essi essere approvati dall'INPI, quale detiene discrezionalità per valutare gli aspetti economici della contrattazione e ha la facoltà di sempre esigere l'adeguazione dei parametri contrattuali alla realtà economica brasiliana.
Per i contratti di Trasferimento di Tecnologia, l'approvazione dell'INPI è essenziale, in quanto la stessa consente di detrarre a titolo di spese di gestione le somme pagate dalla società acquirente alla società fornitrice a titolo di remunerazione per la tecnologia trasferita.
La remunerazione può essere stabilita secondo una somma fissa, o in funzione dei prodotti venduti utilizzando la tecnologia, ovvero in funzione del fatturato.

Vige pertanto in materia un'ampia libertà di scelta.

La Legge Applicabile ai Contratti

Il Codice Civile brasiliano non accetta il principio dell'autonomia delle parti in relazione alla scelta della legge applicabile ai contratti. Anche se parte della dottrina e della giurisprudenza sono simpatici alla libertà della parte nella scelta del diritto applicabile alle loro controversie, l'art. 9° del D. Legs. n° 4.657 del 4.9.1942 - Legge di Introduzione al Codice Civile, tuttora in vigore, dispone chiaramente che le obbligazioni contrattuali sono regolate dalla legge del Paese dove il contratto è stato firmato.

Le Clausole di deroghe di giurisdizione

Il principio è quello dell'ammissione della deroga della giurisdizione brasiliana ad eccezioni delle ipotesi in seguito indicate:

a) questioni riguardanti i beni immobili siti in Brasile;

b) procedure successorie nelle quali siano coinvolti beni situati in Brasile, a prescindere dal luogo del decesso del *de cujus*.

In materia contrattuale, in mancanza di deroga di giurisdizione, i tribunali brasiliani hanno giurisdizione, tra l'altro, nelle ipotesi in seguito indicate:

a) quando il convenuto, a prescindere dalla cittadinanza, ha il domicilio in Brasile;

b) quando l'obbligazione dedotta in giudizio è stata o avrebbe dovuto eseguirsi in Brasile;

c) quando l'atto su cui è sorta la controversia è stato stipulato in Brasile.

La deroga non è inoltre ammessa qualora la controparte sia un Ente del Governo, sia esso federale, regionale o municipale.

La legge brasiliana richiede allo straniero non proprietario di beni in Brasile, che intenda instaurare un giudizio, di versare una cauzione a garanzia del pagamento dell'eventuale condanna alle spese legali. Tale garanzia, denominata *"cautio giudicatum solvi"*, tuttavia, non si applica ai rapporti italobrasiliani, in quanto è stata esclusa dalla Convenzione bilaterale di riconoscimento e di esecuzione delle sentenze firmata tra i due Paesi il 17 ottobre 1989.

La Convenzione Italo-Brasiliana di riconoscimento e di esecuzione delle sentenze in materia civile, ha agevolato il riconoscimento, pressoché automatico, delle sentenze italiane pronunciate nei processi civili nei confronti di controparti brasiliane e viceversa. Il riconoscimento in Brasile, tuttavia, è condizionato all'accertamento, da parte del Supremo Tribunale Federale (STF) della sussistenza di alcuni requisiti essenziali relativi alla competenza del Tribunale; (da accertarsi secondo le regole dettate dalla stessa convenzione), alle formalità (legalizzazioni); al rispetto del contraddittorio e al passaggio in giudicato della sentenza che si intende fare riconoscere. La sentenza, infine, non deve contrastare con l'ordine pubblico brasiliano.

Per quanto riguarda l'esecuzione delle sentenze straniere di condanna al pagamento di somme di denaro in valuta straniera, si ricorda che in sede di esecuzione l'ammontare dovrà convertirsi in valuta locale ("Reais") al tasso di cambio della data di pagamento.

L'Arbitrato

Solo di recente il Brasile ha dato pieno riconoscimento all'arbitrato internazionale. Infatti, la relativa disciplina è stata introdotta con la Legge n° 9.307, in vigore dal 23 settembre 1996, che ha introdotto delle sostanziali modifiche al regime fino in vigore, al fine di superare quella sostanziale diffidenza nei

confronti di questo strumento di risoluzione delle controversie internazionali.
Attualmente, l'arbitrato non è molto diffuso in Brasile. E per questo, ci si attende che con la nuova legge gli imprenditori ne faranno un uso più frequente.
Possono formare materia di arbitrato unicamente le controversie relative a diritti patrimoniali disponibili.
Le parti possono fare ricorso alla clausola compromissoria (prevista in fase contrattuale) oppure al compromesso arbitrale (dopo l'insorgere della controversia).
Uno degli elementi centrali della riforma è costituito dal fatto che il lodo arbitrale è immediatamente esecutivo, non essendoci più bisogno di omologazione da parte del Giudiziario. E' altresì possibile scegliere di fare amministrare l'arbitrato da un'istituzione specializzata, anche in sede internazionale.
Infine, è stato superato l'ultimo ostacolo allo sviluppo dell'arbitrato in Brasile, in quanto, il Supremo Tribunale Federale, con sentenza del 12 dicembre 2001, ha dichiarato la costituzionalità della legge di riforma dell'arbitrato.
Va sottolineato, infine, che il Brasile non ha ratificato la Convenzione di New York del 10.6.1958 di riconoscimento e di esecuzione di sentenze arbitrali straniere.

SISTEMI DI PAGAMENTO

Lettera di credito

Si tratta di uno strumento poco utilizzato, soprattutto dalle piccole e medie imprese, a causa degli elevati costi finanziari rappresentati, tra altri, dal tasso di interesse richiesto dalle Banche locali (notoriamente superiori a quei praticati nel mercato internazionale).
Al richiedente il rilascio della lettera di credito, inoltre, vengono di solito richieste delle garanzie di pagamento, anche di natura reale, che non tutti sono in grado di soddisfare.

Vendita con riserva di proprietà

Rappresenta una valida alternativa di garanzia per il caso di vendita di beni non deperibili o strumentali (macchinario, attrezzature varie, ecc.).
Si tratta di una modalità di vendita, secondo la quale il compratore acquista la proprietà definitiva della merce unicamente dopo avere corrisposto l'intero prezzo.
Fino alla data di pagamento definitivo il venditore può agire per recuperare i beni venduti, anche nei confronti di un eventuale fallimento.
Nella prassi quotidiana, è abituale abbinare la garanzia rappresentata dal patto di riserva di proprietà alla sottoscrizione di cambiali. Verificatosi l'inadempimento, il creditore può scegliere di agire in modo "personale" (cioè facendo valere le cambiali) o "reale" (rivalendosi sui beni) per il recupero del credito.

Cambiale

La disciplina brasiliana che regola la materia è pressoché identica a quella italiana.
La cambiale è uno degli strumenti più utilizzati come garanzia nelle operazioni di commercio internazionale, in quanto nelle ipotesi di mancato pagamento consente di agire esecutivamente, secondo una procedura più snella e veloce di quella ordinaria.

Pegno

Si tratta di una modalità di garanzia contrattuale di natura "reale" e non personale. Il pegno viene costituito su un bene determinato, ed a differenza della vendita con riserva di proprietà, la proprietà del bene si trasferisce all'acquirente, ma è vincolata al pagamento del debito.
Il certificato di pegno è un titolo esecutivo il cui mancato

pagamento abilita il creditore ad avviare la procedura esecutiva.
Il pegno, infine, conferisce al creditore un privilegio speciale sul bene pignorato nelle ipotesi di procedura fallimentare, a condizione, però, che il contratto sia stato registrato presso gli appositi registri pubblici.

Aspetti relativi al recupero del credito

Gli operatori Italiani possono agire in giudizio in Brasile contro i debitori locali senza nessuna limitazione, anche se non hanno succursali o rappresentanti e senza obbligo di versare cauzioni.
Per il recupero di eventuali crediti, gli operatori italiani possono agire in funzione del titolo del credito, secondo la procedura ordinaria ovvero quella esecutiva. Va sottolineato che in Brasile le regole per il recupero del credito sono abbastanza simili a quelle in vigore in Italia.

NORME DI RIFERIMENTO

Marchi

Nel sistema brasiliano di protezione dei marchi, la tutela dipende esclusivamente dal deposito del marchio e non dal mero utilizzo.
Tuttavia, il titolare straniero di un marchio noto, anche se non depositato in Brasile, potrà agire a tutela dei sui diritti, ai sensi e per gli effetti di cui all'art. 6 bis della Convenzione di Parigi per la tutela internazionale dei marchi. Per avvalersi di questo diritto, tuttavia, il titolare del marchio dovrà avviare la procedura per il

deposito.
Il deposito del marchio può essere richiesto sia da società brasiliane che straniere. I marchi stranieri sono depositati nel rispetto dei principi della suddetta Convenzione di Parigi, la quale stabilisce un periodo di priorità esclusiva di sei mesi, a fare data dalla richiesta di deposito nel Paese d'origine, a condizione che il titolare abbia dichiarato di volere estendere il deposito ad altri paesi facenti parte della Convenzione.

Tutela del consumatore e responsabilità per prodotti difettosi

La legge brasiliana n. 8.079/90, conosciuta anche come Codice di Difesa dei Consumatori, detta le regole a tutela e difesa dei consumatori; la normativa è ritenuta di ordine pubblico e di interesse sociale ed è pertanto inderogabile dalle parti.
Suddetto codice riconosce due modalità di tutela: dirette ed indirette.
Da un lato, infatti, disciplina i mezzi di controllo ritenuti più efficaci in materia di qualità e di sicurezza dei prodotti. Dall'altro lato incentiva la creazione di associazioni rappresentative dei consumatori.
In ambito pubblico, la tutela del consumatore è affidata al "Pubblico Ministero di Difesa del Consumatore", nonché a prefetture specializzate nell'accertamento delle denuncie formulate dai consumatori vittime di violazioni delle norme contrattuali e di legge.
Inoltre, il codice, oltre a disciplinare le modalità di corretta promozione deiprodotti in modo da non configurare una pubblicità ingannevole, dispone la nullità delle clausole ritenute lesive dei diritti dei consumatori inserite nei contratti di fornitura di beni e di servizi. Nei casi più gravi sono anche previste sanzioni di carattere penale.
Il consumatore leso nei suoi diritti può domandare il risarcimento dei danni patrimoniali e non, sia nei confronti dei fornitori locali,

sia di quelli stranieri, in quanto questi ultimi sono tenuti in solido a rispondere per i vizi dei loro prodotti commercializzati nel mercato brasiliano. La responsabilità del produttore non è esclusa dalla mancata conoscenza dei vizi e dei difetti.
Le infrazioni accertate possono inoltre dare luogo all'applicazione di provvedimenti quali: multa, sequestro, distruzione del prodotto, sequestro dello stabilimento, divieto di fabbricazione, cancellazione dai pubblici registri, ecc.

Etichette e denominazioni di origine

I prodotti distribuiti in Brasile devono avere etichette in lingua portoghese e devono fornire una corretta informazione sui prodotti; in particolare, esse devono indicare le caratteristiche, la qualità, la composizione, il prezzo, la data di produzione e di scadenza, le garanzie, ecc. Le stesse, inoltre, devono contenere informazioni circa eventuali rischi per la salute e la sicurezza dei consumatori.
Le etichette e più in generale la pubblicità dei prodotti devono consentire una facile identificazione del prodotto, in modo da non indurre in inganno il consumatore, secondo quanto stabilito dall'organo responsabile, denominato CONAR.
È vietata la pubblicità discriminatoria di qualsiasi natura, quella che inciti alla violenza, sfrutti i bambini e/o non tuteli i valori ambientali. E' inoltre vietata la pubblicità che possa indurre il consumatore a comportarsi in modo pregiudizievole o pericoloso per la propria salute e sicurezza.

Normativa antitrust

La normativa antitrust è contenuta nella Legge n. 8.884, pubblicata il 13 giugno 1994, e modificata dalla legge n° 10.149 del 21 dicembre 2000.
La legge definisce i comportamenti vietati ed individua una serie

di fattispecie ritenute lesive della concorrenza, tra le quali si annoverano: le pratiche di divisione del mercato, i cartelli, la vendita sotto costo, ecc. Sono vietati, in sostanza, tutti i comportamenti commerciali ritenuti sleali.

Compete all'Ufficio di Diritto Economico – SDE -, ente appartenente al Ministero della Giustizia, compiere indagini su eventuali irregolarità nel settore e avviare le relative procedure amministrative. La decisione finale in materia è di competenza del Consiglio Amministrativo di Difesa Economica – CADE, organismo federale facente capo dell'ufficio del Pubblico Ministero. La decisione del CADE è inappellabile in sede amministrativa. Tuttavia, questa decisione può essere sottoposta al vaglio del Potere Giudiziario,
esclusivamente, però, per quanto concerne la corretta applicazione ed interpretazione della legge.

Nel corso degli accertamenti, sia lo SDE che il CADE possono ordinare misure preventive tese a porre fine all'infrazione, nonché applicare sanzione pecuniarie giornaliere, le quali possono venire aumentate fino a 20 volte, a seconda della gravità dell'infrazione.

Allo scopo di evitare comportamenti lesivi della concorrenza devono essere sottoposti preventivamente all'autorizzazione del CADE gli atti in seguito elencati: fusione, incorporazione, acquisto di società o qualsiasi altra forma de raggruppamento societario, nelle ipotesi in cui la società o il gruppo economico risultante da queste operazioni abbia il controllo di almeno il 20 % del mercato rilevante, nonché nelle ipotesi in cui una qualsiasi delle parti interessata abbia dichiarato un fatturato lordo annuo rilevante.

Le parti interessate in una operazione tra quelle sopra indicate sono tenute ad informare preventivamente il CADE, con anticipazione. In mancanza di comunicazione sono previste delle sanzioni pecuniarie, oltre all'avviamento della procedura amministrativa per accertare eventuali infrazioni alla normativa antitrust.

Va sottolineato, tuttavia, che l'operazione potrà essere approvata, anche se la stessa può ritenersi lesiva della concorrenza, qualora lo scopo della concentrazione sia quello di migliorare la produttività, la qualità o lo sviluppo tecnologico.

Brevetti

L'art. 8 della Legge sulla Proprietà Industriale Brasiliana condiziona il deposito di un brevetto alla sussistenza dei seguenti elementi essenziali: novità assoluta, possibilità di sfruttamento industriale e attività inventiva.
Il brevetto regolarmente depositato in un Paese membro della Convenzione di Parigi, potrà essere tutelato in Brasile alle condizioni ivi previste.
La protezione conferita ai brevetti è valida per 20 anni nelle ipotesi di invenzioni; per 15 anni, invece, nelle ipotesi di brevetti di modelli di utilità.
Lo sfruttamento commerciale del brevetto dovrà aver inizio entro i primi 3 anni della concessione della tutela brasiliana, con il rilascio della "carta-brevetto", a cura dell'INPI.
L'estinzione del brevetto avviene nelle ipotesi in cui lo sfruttamento sia stato interrotto per un periodo di due anni consecutivi, oppure nei casi in cui l'inventore sia in mora nel pagamento dei canoni annuali stabiliti dall'INPI, nonché nelle ipotesi di rinuncia al privilegio o di cancellazione del brevetto a seguito di procedura giudiziaria o amministrativa.

Software

La protezione del software, in Brasile, è regolata dalla Legge n° 9.609, del 19/02/1999, la quale dispone la protezione alla stregua della proprietà intellettuale. La legge stabilisce inoltre le regole per la commercializzazione dei programmi in modo da favorire lo sviluppo di software brasiliano e determina le sanzioni di natura penale per le ipotesi di violazione del diritto di autore, nonché di infrazione alle norme di commercializzazione dei programmi.
La protezione del software si estende per un periodo di 50 anni, a partire dal 1° gennaio dell'anno successivo a quello del deposito, o in mancanza di deposito, dalla data di creazione del software.
Alla stregua di quanto avviene in materia di tutela dei diritti

d'autore, il Brasile concede la protezione del software sviluppato dai residenti all'estero a condizione di reciprocità, sia per quanto riguarda la sua estensione sia per quanto riguarda il periodo di tutela.

La tutela del software non è condizionata al deposito o registrazione del programma. Ove l'autore lo ritenga necessario, lo stesso potrà comunque registrare il programma presso l'Istituto Nazionale della Proprietà Industriale – INPI.

La pirateria informatica è punibile con la pena detentiva da sei mesi a due anni e con la multa.

ZONA FRANCA DI MANAUS

La Zona Franca Di Manaus – ZFM è stata creata e regolata dalla Legge n° 3.173 del 06/06/1957 e dal Decreto Legge n. 288 del 28/02/1967. La ZFM è amministrata dalla "Superintendência da Zona Franca de Manaus" – SUFRAMA.

La ZFM è un'area di libero commercio e importazione alla quale vengono riconosciuti dei privilegi fiscali. Lo scopo principale è quello di promuovere la formazione di centri industriali, commerciali ed agricoli in Amazonia, in modo da consentire lo sviluppo economico dell'area.

Gli incentivi fiscali speciali per la ZFM, per disposizione costituzionale, sono stati prorogati fino al 2013.

Le imprese operanti nella ZFM, godono, tra l'altro, dall'esenzione o riduzione delle imposte in seguito indicate:

a) Esenzione dai dazi di importazione per i prodotti destinati ad essere consumati nella ZFM. Riduzione dei dazi sui prodotti industrializzati nella ZFM esportati verso Paesi terzi;

b) Esenzione dall'imposta sui prodotti industrializzati (IPI), altrimenti
applicabile sulla merce straniera destinata al consumo o all'industrializzazione nella ZFM, nonché sulle merci prodotte nella ZFM e destinate al consumo nella propria ZFM, così come all'export;

c) Esenzione dall'Imposta sul reddito, (IR), per 10 anni, per gli imprenditori i cui progetti siano stati approvati dalla "Superintendência de Desenvolvimento da Amazonia" (SUDAM);

d) Esenzione dall'Imposta sulla circolazione di merci e di servizi di trasporto interregionali ed inter municipale e di comunicazione (ICMS), per prodotti originari da altre regioni e destinati al consumo o all'industrializzazione nella ZFM.

e) Esenzione dall'Imposta sui servizi (ISS) per le imprese che forniscono servizi i cui progetti siano stati approvati dal Comune di Manaus.

Le imprese i cui progetti sono stati approvati dal SUDAM hanno inoltre a disposizione risorse finanziarie provenienti dai fondi di Investimento in Amazzonia per la formazione del capitale. Le imprese, inoltre, possono fruire della concessione di terreni industriali e delle relative infrastrutture.
L'imprenditore che vuole operare nella ZFM deve presentare al SUFRAMA il relativo progetto industriale.
Condizione essenziale per l'approvazione è che l'attività abbia natura prevalentemente produttiva, in quanto risultano scoraggiate le attività di semplice assemblaggio.

COSTITUZIONE DI SOCIETA' IN BRASILE

("Limitada") –SRL

Le "Sociedade Limitada", regolate dal Nuovo Codice Civile Brasiliano (Legge n.º 10.406, del 10 gennaio 2002), hanno una disciplina analoga alle "S.r.l." italiane, prima della recente riforma del diritto societario italiano.
Si tratta della configurazione societaria maggiormente utilizzata dagli operatori stranieri per compiere operazioni di natura permanente in Brasile, in quanto godono di una certa flessibilità operativa e basso costo di costituzione e di gestione burocratica. Infatti, molte multinazionali in Brasile sono state costituite come "Limitada".
La legge brasiliana dispone che le "Limitadas" abbiano almeno due soci (non vi sono infatti, come in Italia, società unipersonali, che possono essere indistintamente persone fisiche o giuridiche, e non necessariamente residenti in Brasile. Il socio non residente dovrà comunque nominare un rappresentante residente in Brasile per il compimento degli atti essenziali della società e per la

rappresentanza in giudizio, soprattutto di natura passiva.
La responsabilità dei soci è limitata alle quote sociali sottoscritte; tutti i soci rispondono in via solidale per il versamento dell'intero capitale sociale.
Le quote di capitale delle "Limitadas", a differenza di quanto accade nelle società per azioni, non sono rappresentate da certificati. La partecipazione di ogni socio al capitale è contenuta nello statuto sociale, pertanto, ogni modifica del capitale implica necessariamente la modifica dello Statuto.
Non è previsto un capitale minimo, anche se la sua consistenza costituisce un elemento fondamentale qualora la società intenda fare ricorso al credito o operare come una società import / export.
La società "limitata" è amministrata da una o più persone fisiche, soci o no, elette direttamente dai soci (è esclusa la possibilità di nominare un amministratore persona giuridica). L'unico requisito stabilito dalla legge brasiliana è quello riguardante la residenza: l'amministratore deve avere residenza permanente in Brasile. I soci possono comunque prevedere limitazioni ai poteri dell'amministratore, che, ove contenute nello Statuto, avranno validità "erga omnes".
In base alla nuova regolamentazione, è prevista la possibilità di istituire un Consiglio Fiscale, composto da membri eletti dai soci, che ha il compito di occuparsi degli aspetti fiscali della Società.
Le "Limitadas" non sono obbligate a pubblicare i propri bilanci. Tuttavia, ogni anno, i soci della società devono riunirsi per deliberare sul risultato dell'esercizio sociale precedente. Lo Statuto è a disposizione di chiunque ne faccia richiesta, in quanto lo stesso (e le relative modifiche) deve depositarsi presso i pubblici registri stabiliti dalla legge.
Per quanto concerne i meccanismi deliberativi dei soci della Limitata, è importante sottolineare che il Nuovo Codice Civile Brasiliano ha stabilito delle maggioranze qualificate per ogni tipo di deliberazione, che possono variare in generale dalla metà più uno ai 3/4 del totale del capitale.
Infine, va sottolineato che il Nuovo Codice Civile Brasiliano ha dettato norme di maggiore tutela per i soci di minoranza. Nello schema che segue sono indicate alcune delle maggioranze di capitale necessarie per l'approvazione delle delibere più

significative:

Maggioranza	Delibera
50% + 1	- Revoca e nomina dell'amministratore non nominato nell'atto costitutivo (CC, art. 1076 e art. 1071, II e III); - Remunerazione dell'amministratore nelle ipotesi di non indicazione nell'atto costitutivo (CC, art. 1076 c/c art. 1071, IV) - Richiesta di recupero giudiziale (CC, art. 1076 c/c art. 1071, VIII); - Esclusione di un socio per giusta causa, ove previsto nel contratto sociale (CC, art. 1085);
67%	- Revoca dell'amministratore indicato nell'atto costitutivo
75%	Con questa maggioranza si possono assumere praticamente tutte le delibere, fatta eccezione alla trasformazione societaria.

Società "Anônimas" (Società per Azioni)

Regole generali

Le S.A. brasiliane sono regolate dalla legge n. 6.404 del 15 dicembre 1976, e successive modifiche (l'ultima è quella della legge n. 10.303, del 31 ottobre 2001), la quale detta una disciplina molto simile a quella delle S.p.A. italiane prima della recente riforma del diritto societario italiano.
Le S.A. devono avere come minimo due soci. La responsabilità dei soci è limitata al capitale sottoscritto, anche se non integralmente versato. La legge dispone l'obbligo di versare in contanti almeno il 10 % del capitale sottoscritto che deve che deve rimanere in una banca fino a quando le operazioni di costituzione e registrazione non siano state completate.
Le S.A. possono costituirsi per sottoscrizione pubblica o privata.
La costituzione mediante sottoscrizione privata richiede la formalità dell'atto pubblico notarile. E' ammesso il conferimento di beni in natura, previa perizia di valore dei beni conferiti.
Gli atti costitutivi e gli statuti delle S.A. devono essere registrati presso gli uffici competenti e pubblicati sulla G.U. e su altro giornale in circolazione nel luogo in cui la società ha la sede sociale.
Il capitale sociale può essere sottoscritto o autorizzato. Lo statuto delle società con capitale sociale autorizzato deve stabilire il limite entro il quale il capitale può essere aumentato senza necessità di ulteriore autorizzazione.
Il capitale è rappresentato da azioni che possono avere diversa natura, in funzione dei vantaggi, dei diritti e delle restrizioni previste dallo statuto. Lo statuto può autorizzare l'emissione di diverse classi di azioni: privilegiate in funzione della partecipazione agli utili o al voto, ecc.
Oltre alle azioni, le S.A. possono emettere altri titoli: "partes beneficiárias", "bonus de subscrição" e "debentures". Le regole relative alla titolarità ed alla circolazione delle azioni si estendono

parimenti a questi titoli, sebbene gli stessi non siano rappresentativi del capitale sociale.

Partes beneficiárias

"Partes Beneficiárias" sono i titoli senza valore nominale che conferiscono ai titolari il diritto di partecipare nella misura del 10 % (dieci per cento) agli utili di esercizio. Tali titoli non possono offrire nessun altro dei diritti attribuiti, invece, agli azionisti, ad eccezione di quello relativo al controllo dell'attività degli amministratori della società. Lo statuto può disciplinare il riscatto delle "Partes Beneficiárias" mediante capitalizzazione delle riserve appositamente create.

Bonus de subscrição

Le società con capitale autorizzato possono emettere titoli negoziabili, denominati "Bonus de Subscrição". Questi titoli conferiscono ai loro titolari il diritto di sottoscrivere azioni in occasione degli aumenti di capitale ed alle condizioni stabilite negli stessi certificati.

Debêntures

I "Debentures" sono titoli che attribuiscono ai titolari diritti di credito nei confronti della società emittente. Il valore nominale, le condizioni principali, i diritti e le garanzie dei titolari e la data di scadenza dovranno risultare dai certificati di emissione. I "Debentures" possono convertirsi in azioni. In principio il valore complessivo dei "Debentures" non può superare il valore del capitale sociale.

Diritti degli azionisti

Gli azionisti godono dei diritti sociali in seguito elencati:

- partecipazione agli utili
- partecipazione alla distribuzione degli attivi della società nelle ipotesi di liquidazione
- controllo della gestione sociale
- preferenza nella sottoscrizione di azioni, "partes beneficiárias", "debentures convertibili" e "bonus de subscrição"
- e recesso dalla società nei casi previsti nella legge

Le azioni della stessa specie conferiscono ai loro titolari gli stessi diritti. Ad ogni azione ordinaria corrisponde un voto nelle assemblee.

Patti parasociali

Sono ammessi dalla legge ed hanno, generalmente, lo scopo di stabilire le regole per il trasferimento delle azioni, per l'esercizio del diritto di preferenza o di voto. Tuttavia, per fare valere i diritti in essi conferiti nei confronti della società, gli accordi devono registrarsi preso la sede della società.

Assemblee

Gli azionisti hanno il diritto di partecipare alle Assemblee, anche tramite delegati e procuratori. Le stesse sono convocate secondo le disposizioni previste dallo Statuto e, in subordine, dalla legge e possono deliberare su tutti gli affari della società.
È di competenza dell'Assemblea Ordinaria l'approvazione dei bilanci e dei conti economici, l'elezione degli amministratori e del Collegio Sindacale, nonché le delibere relative alla destinazione dell'utile netto di ogni esercizio fiscale e la distribuzione dei dividendi. Le restanti materie sono devolute all'Assemblea Straordinaria.
Assemblee speciali possono essere convocate per trattare

questioni specifiche riguardanti le emissioni di azioni preferenziali, di "debentures", "partes beneficiárias" o "bonus de subscrição", ecc.

Amministrazione

Ai sensi di legge, gli azionisti possono, ove lo Statuto lo autorizzi, ripartire l'amministrazione della società tra due diversi organi: il Consiglio di Amministrazione e la Direzione. Se non viene nominato il Consiglio di Amministrazione, sarà la Direzione l'incaricata di esercitare le funzioni amministrative e di indirizzare l'orientamento generale della società secondo quanto stabilito dallo Statuto.

Consiglio di amministrazione

Il Consiglio di Amministrazione funge da legame tra l'Assemblea dei Soci e la Direzione. Ha pieni poteri e determina l'orientamento degli affari sociali e finanziari.
Il Consiglio ha la funzione di controllare l'operato dei Consiglieri.
I Consiglieri sono eletti e revocati dall'Assemblea Ordinaria. Lo statuto sociale determina il numero dei Consiglieri (minimo 3), le modalità di sostituzione, la scadenza del loro mandato e le modalità di riunioni, delle convocazioni e di funzionamento.
Almeno 2/3 dei Consiglieri devono avere la residenza permanente in Brasile.

Direzione

La Direzione è composta da due o più Direttori, eletti e revocati in qualsiasi momento dal Consiglio di Amministrazione. I direttori sono sottoposti alle direttive del Consiglio di Amministrazione ovvero dell'Assemblea dei Soci qualora la società non abbia nominato un Consiglio di Amministrazione.
La principale funzione dei Direttori è la rappresentanza della

società nei confronti di terzi. Lo statuto stabilisce il numero di Direttori, le modalità di sostituzione, la durata del mandato e l'attribuzione dei poteri.

Collegio sindacale

Il Collegio Sindacale può avere natura permanente o transitoria, in quest'ultima ipotesi l'attività sarà esercitata nel periodo di chiusura degli esercizi fiscali.
Spetta al Collegio Sindacale occuparsi degli aspetti fiscali dell'amministrazione della società e fornire tutte le informazioni necessarie agli azionisti in sede di Assemblea dei Soci.
Le attribuzioni del Collegio Sindacale non possono delegarsi né attribuirsi ad altri organi della Società.

Responsabilità degli amministratori

I membri del Consiglio di Amministrazione, della Direzione e del Collegio Sindacale sono responsabili nei confronti della società per i danni causati nell'esercizio delle loro funzioni, a titolo di azione, omissione, negligenza, nonché per gli atti compiuti in violazione della legge o dello Statuto.

Trasformazione

E' prevista la possibilità di trasformare una società da una tipologia in un'altra, senza la necessità di avviare procedure di liquidazione o di scioglimento. In questo senso, è importante sottolineare che una società "Limitada" può trasformarsi in Società per azioni e viceversa, senza dover fare ricorso a procedure complicate.

Sussidiaria integrale

La Sussidiaria Integrale è una società in cui il capitale sociale è detenuto per intero da altra società. È' questa l'unica ipotesi in cui una società può avere un socio unico. La costituzione di questo tipo di società avviene tramite atto pubblico.

Joint ventures

Le Joint Ventures non sono esplicitamente disciplinate dalla legge brasiliana. Di solito, le società che intendono dare corso ad attività congiunte scelgono la costituzione di una nuova società partecipata da entrambi i soci. Nulla vieta, tuttavia, di dare vita a raggruppamenti di società tramite appositi contratti.

LEGISLAZIONE SOCIETARIA

La persona fisica o giuridica straniera che voglia investire imprenditorialmente in Brasile, costituirà una nuova società nel Paese, o parteciperà a una società già costituita.
I dividendi pagati alle persone giuridiche e fisiche con sede all'estero, a seguito di investimenti registrati presso il Banco Central do Brasil, erano soggetti all'aliquota del 15%. Oggi, i dividendi non sono più assoggettabili a imposta, a partire da quelli generati dal gennaio 1996.
Le forme societarie usuali sono la Società per Azioni (S/A) o la Società Limitata (Ltda) che, in generale, hanno la stessa natura e struttura delle identiche società italiane. Le riferite società regolate dalla legge 6.404, del 15/12/76, ulteriori modifiche introdotte dalla legge 10.303 31/10/01 e dalla legge 10.406/02.
Non esiste una prescrizione di legge per il numero minimo massimo dei soci, dovendosi avere per lo meno due soci, persone fisiche o giuridiche.
Per la legislazione brasiliana, l'azionista o il quotista che risiede all'estero, dovrà mantenere nel paese, un rappresentante legale per ricevere citazioni, presumendosi tali poteri nell'esercizio qualunque diritto di azionista o quotista. L'unica e sostanziale differenza tra la Società Anonima Limitata è la pubblicità di certi atti, nella fattispecie, la Società Anonima ha l'obbligo pubblicazione dei bilanci dei risultati d'esercizio, nonché di tutte le delibere di assemblea.
La società commerciale brasiliana, costituita da persona giuridica straniera, dovrà essere gestita e diretta da uno o più amministratori residenti in Brasile, conforme quanto dispone la recente istruzione normativa 58, del 13/05/95, della "Junta Comercial do Estado de São Paulo". La legge brasiliana, sulle Società Anonime 6.404, del 15/12/76, prescrive che l'amministrazione della società sia esercitata dal Consiglio di Amministrazione e dalla Direzione Esecutiva, o soltanto Direzione Esecutiva. Potranno essere eletti agli organi dell'Amministrazione, solo persone residenti nel Paese, dovendo i membri del Consiglio di Amministrazione essere azionisti e i direttori azionisti o no. La durata dell'incarico non potrà superare i

3 anni.
La legge brasiliana, prevede anche la costituzione di società civili, fondazioni e cooperative non avendo scopo di lucro e di particolari caratteristiche della loro costituzione, non costituiscono organizzazioni commerciali e, di conseguenza, ricevono un trattamento legale diverso.
In Brasile, sono previsti due tipi di registrazione pubblica:

• eseguita dal Ministero del Commercio;

• eseguita da un notaio.

Tutte le società, commerciali o civili, devono essere registrate a seconda della loro natura legale.
Il sistema delle tasse brasiliane è stato stabilito dalla Costituzione Federale del 1988. Il Governo Federale, gli Stati e le Municipalità, possono riscuotere le entrate, attraverso tasse emolumenti contributi con lo scopo di miglioria. Il Brasile ha firmato trattati per evitare la doppia imposizione, con la maggioranza dei Paesi Europei. In mancanza di un trattato, si considererà se il Paese origine garantisce reciprocità di trattamento in relazione al reddito di lavoro o alle tasse corrispondere in Brasile. Se esiste tale legislazione, le tasse pagate nel Paese di origine, possono essere compensante.
I tempi di costituzione di una società di diritto brasiliano, sono di circa 30 giorni, considerando tale periodo il registro degli atti costitutivi, l'ottenimento del codice fiscale e dei libri sociali, mentre le autorizzazioni per lo svolgimento dell'attività industriale, hanno una tramitazione separata e i tempi sono determinati dalle specifiche ripartizioni pubbliche.

I soci stranieri, dovranno essere rappresentati da una persona fisica residente, attraverso una procura speciale con poteri sufficienti per partecipare alla costituzione della società e a tutti gli atti necessari per la sua operatività, nonché l'obbligo vincolante di poter ricevere citazioni in nome e per conto della mandante.L'emenda costituzionale 6 del 15/08/1995 ha posto fine alla distinzione tra società brasiliana e società nazionale, definendo il nuovo concetto di impresa brasiliana quella costituita secondo leggi brasiliane e con sede a amministrazione nel Paese, indipendentemente del suo controllo azionario.

SISTEMA FISCALE

Imposta sui redditi delle persone giuridiche (IR)

L'imposta sul reddito delle persone giuridiche è calcolata con una l'aliquota del 15% sul reddito dichiarato nel periodo fiscale di riferimento. Vi è poi un'addizionale di imposta del 10% che può incidere in ragione del valore del reddito dichiarato oppure in ragione della natura del proprio redito. L'imposta si calcola al netto dei costi e delle spese necessarie per la produzione del reddito annuale.

Contributi sociali sul guadagno lordo (CSSL)

Le imprese operanti in Brasile (ivi compresi gli Istituti di Credito) sono tenute al pagamento della Contribuzione Sociale sul Guadagno Netto (CSSL). La base imponibile per questo contributo è calcolata sugli utili netti dichiarati ai fini dell'imposta sui redditi.
La base per il calcolo del CSSL è soggetta al principio della universalità, ovverosia, i redditi e i ricavi esteri delle società brasiliane concorrono a formare la base imponibile del CSSL.
L'aliquota del CSSL è pari all'9%. La CSSL non è detraibile ai fini del calcolo del Imposta sui redditi.
La Legge n. 9.718/98 ha inoltre stabilito che dal 1° febbraio 1999, in base alla Riforma Costituzionale n° 20, del 16/12/1998, tutte le società operanti in Brasile siano tenute al pagamento del

contributo per il Programma di Integrazione Sociale e per la formazione del Patrimonio Pubblico (PIS/PASEP), nonché al pagamento del contributo per il finanziamento della Sicurezza Sociale (COFINS). La base imponibile per il calcolo dei suddetti contributi sociali (PIS/ PASEP e COFINS), a decorrere dal 1° febbraio 1999, è il fatturato della società.
I contributi PIS/PASEP e COFINS sono detraibili dall'imposta sui redditi e dal CSSL.
La Legge 10.865/04, in vigore da 01.05.2004, ha previsto tributi denominati COFINS-importazione e PIS/PASEP-importazione a decorrere dal maggio 2004.

Imposte sui beni di produzione industriale (IPI)

Si tratta di un'imposta (federale) che grava sull'importazione dei beni industriali, nonché sulla produzione locale di beni, sempre industriali.
Il versamento dell'IPI sulle materie prime, prodotti semi lavorati e materiali d'imballaggio può essere utilizzato come credito fiscale.
L'aliquota dell'IPI varia in funzione della natura del prodotto. L'aliquota più alta tocca i prodotti ritenuti non essenziali, ossia, sigarette, bibite, cosmetici, ecc.

Imposta sulla circolazione delle merci e sulla fornitura di servizi (ICMS)

L'ICMS è una tassa simile all'IVA, applicata a livello regionale. L'ICMS incide su tutte le tappe della commercializzazione e trasporto dei prodotti, dalla vendita eseguita dal fabbricante fino al commerciante finale. L'aliquota del ICMS è la stessa per tutti i tipi di prodotti, ma presenta delle differenze anche sostanziali, da una regione all'altra. L'aliquota media è pari al 17,5%.

Imposta sui servizi (ISS)

L'imposta sui servizi (ISS) è un'imposta comunale che si applica su qualsiasi tipo di servizio fornito da una società o da un libero professionista. L'aliquota varia da 2% al 5%, secondo la natura del servizio. Nella città di San Paolo, per esempio, l'aliquota è pari al 5 %.

Imposta sulle operazioni finanziarie

L'imposta sulle operazioni finanziarie (IOF) è un'imposta federale dovuta per le seguenti attività:

I) operazioni di credito erogate dalle istituzioni finanziarie;
II) operazioni di cambio;
III) contratti di assicurazione;
IV) operazioni su valori mobiliari, nelle ipotesi di intervento di istituzioni autorizzate ad operare nel mercato di titoli e valori;
V) mutui.

L'aliquota dell'IOF varia in funzione della natura dell'operazione e subisce frequente variazione.

Contributo di intervento nel dominio economico - CIDE

Nel 2000 è stata creata una tipologia di contributo che si applica alle persone giuridiche brasiliane che hanno delle attività correlate a *"technological knowledge"*, servizi tecnici ed assistente tecnica, servizi amministrativi. Tale contributo grava ogni forma di pagamento all'estero con un'aliquota fissa al 10%.

Agevolazioni Fiscali

Sono numerose le agevolazioni fiscali concesse dal governo brasiliano alle imprese che investono in Brasile. Gli incentivi variano costantemente e sono per lo più costituiti da finanziamenti agevolati, crediti fiscali ed esenzioni di certe imposte e tasse, nonché dall'azzeramento o dall'abbattimento sostanziale dei dazi di importazioni per i beni strumentali e altri beni destinati all'investimento.

La maggior parte di queste agevolazioni sono erogate sia alle società brasiliane che straniere. Vi sono, tuttavia, alcune agevolazioni riservate esclusivamente alle società locali.

Le agevolazioni sono offerte per promuovere lo sviluppo economico di alcune regioni del Brasile e per canalizzare il capitale privato verso settori specifici dell'attività economica.

I progetti che beneficiano delle agevolazioni sono approvati singolarmente da un organo responsabile. Di solito, l'approvazione è condizionata al controllo da parte del governo dello sviluppo del progetto presentato.

FISCALITA'

Il sistema di tassazione è a base mondialmente diffusa.
L'aliquota dell'imposta sul reddito delle persone giuridiche sul profitto reale é del 15%.
Sulla parte degli utili superiori a Euro 67.000 per anno, o a Euro 17.000 per trimestre, è applicata un'aliquota addizionale del 10%.
Le persone giuridiche sono assoggettate ad un'imposta sul reddito municipale le cui aliquote variano considerevolmente da una municipalità all'altra.
Le persone fisiche che possiedono un reddito mensile superiore a Euro 297 sono soggette ad un'imposta sul reddito progressiva, le cui aliquote variano dal 15 al 27,5%.
L'invio di valori all'estero è soggetto ad un'imposta che varia dal 15 al 25%.
Per evitare le doppie imposizioni e prevenire le evasioni fiscali in materia di imposte sul reddito, l'Italia ed il Brasile hanno firmato un accordo, entrato in vigore il 24/04/1981, che si applica alle persone fisiche e/o giuridiche residenti in ciascuno degli Stati contraenti nelle sue suddivisioni politiche o amministrative o dei suoi enti locali, qualunque sia il sistema di prelievo.

Le imposte attuali su cui si applica la Convenzione sono:

• Brasile:
l'imposta federale sul reddito, esclusa l'imposta sulle rimesse eccedenti e sulle attività di minore
importanza;

• Italia:
l'imposta sul reddito delle persone fisiche, l'imposta sul reddito delle persone giuridiche e l'imposta locale sui redditi ancorché riscosse mediante ritenuta alla fonte.

APPENDICE: " *CONVENZIONE TRA IL GOVERNO DELLA REPUBBLICA ITALIANA ED IL GOVERNO FEDERALE DEL BRASILE PER EVITARE LE DOPPIE IMPOSIZIONI E PREVENIRE LE EVASIONI FISCALI IN MATERIA DI IMPOSTE SUL REDDITO"*

Premessa

Si riporta in allegato il testo della "Convenzione tra il governo della Repubblica Italiana ed il
governo della Repubblica Federale del Brasile per evitare le doppie imposizioni e prevenire le
evasioni fiscali in materia di imposte sul reddito", per opportuna informazione in materia
d'imposizione fiscale.

CONVENZIONE TRA IL GOVERNO DELLA REPUBBLICA ITALIANA ED IL GOVERNO DELLA REPUBBLICA FEDERALE DEL BRASILE PER EVITARE LE DOPPIE IMPOSIZIONI E PREVENIRE LE EVASIONI FISCALI IN MATERIA DI IMPOSTE SUL REDDITO, CON PROTOCOLLO, ROMA IL 3 OTTOBRE 1978.

Il Governo della Repubblica italiana e il Governo della Repubblica federale del Brasile; desiderosi di concludere una Convenzione per evitare le doppie imposizioni e prevenire le evasioni fiscali in materia di imposte sul reddito; hanno convenuto le seguenti disposizioni:

Articolo 1 – Soggetti
La presente Convenzione si applica alle persone che sono residenti di uno o di entrambi gli Stati contraenti.

Articolo 2 - Imposte considerate
1. La presente Convenzione si applica alle imposte sul reddito prelevate per conto di ciascuno degli Stati contraenti o delle sue

suddivisioni politiche o amministrative o dei suoi enti locali, qualunque sia il sistema di prelevamento.
2. Le imposte attuali cui si applica la Convenzione sono:
a) per quanto concerne il Brasile: l'imposta federale sul reddito, esclusa l'imposta delle rimesse eccessive e sulle attività di minore importanza (qui di seguito indicate quali "imposta brasiliana");
b) per quanto concerne l'Italia:
l'imposta sul reddito delle persone fisiche;
l'imposta sul reddito delle persone giuridiche;
l'imposta locale sui redditi ancorché riscosse mediante ritenuta alla fonte (qui di seguito indicate quali "imposta italiana").
3. La Convenzione si applicherà anche alle imposte di natura identica o analoga che verranno istituite dopo la firma della presente Convenzione in aggiunta o in sostituzione delle imposte attuali.
Le autorità competenti degli Stati contraenti si comunicheranno le modifiche apportate alle rispettive legislazioni fiscali.

Articolo 3 - Definizioni generali

1. Ai fini della presente Convenzione, a meno che il contesto non richieda una diversa interpretazione:

a) il termine "Brasile" designa la Repubblica federale del Brasile;

b) il termine "Italia" designa la Repubblica italiana;

c) il termine "nazionali" designa:
i) le persone fisiche che hanno la nazionalità di uno Stato contraente;
ii) le persone giuridiche, società di persone ed associazioni costituite in conformità della legislazione in vigore in uno Stato contraente;

d) le espressioni "uno Stato contraente" e "l'altro Stato contraente" designano, come il contesto richiede, il Brasile o l'Italia;

e) il termine "persona" comprende le persone fisiche, le società ed ogni altra associazione persone;

f) il termine "società" designa qualsiasi persona giuridica o qualsiasi ente che è considerato persona giuridica ai fini dell'imposizione;

g) le espressioni "impresa di uno Stato contraente" e "impresa dell'altro Stato contraente" designano rispettivamente un'impresa esercitata da un residente di uno Stato contraente e un'impresa esercitata da un residente dell'altro Stato contraente;

h) per "traffico internazionale" s'intende qualsiasi attività di trasporto effettuato per mezzo di una nave o di un aeromobile da parte di un'impresa la cui sede di direzione effettiva è situata in uno Stato contraente, ad eccezione del caso in cui la nave o l'aeromobile sia utilizzato esclusivamente tra località situate nell'altro Stato contraente;

i) il termine "imposta" designa, come il contesto richiede, l'imposta brasiliana o l'imposta italiana;

j) l'espressione "autorità competente" designa:
1) per quanto concerne il Brasile: il Ministro delle Finanze, il Segretario del reddito federale o i loro rappresentanti autorizzati;
2) per quanto concerne l'Italia: il Ministero delle Finanze.

Per l'applicazione della presente Convenzione da parte di uno Stato contraente, le espressioni non diversamente definite hanno il significato che ad esse è attribuito dalla legislazione di detto Stato contraente relativa alle imposte oggetto della presente Convenzione, a meno che il contesto non richiada una diversa interpretazione.

Articolo 4 - Domicilio fiscale

1. Ai fini della presente Convenzione, l'espressione "residente di uno Stato contraente" designa ogni persona che, in virtù della legislazione di detto Stato, è assoggettata ad imposta nello stesso Stato, motivo del suo domicilio, della sua residenza, della sede della sua direzione o di ogni altro criterio di natura analoga.

2. Quando, in base alle disposizioni del paragrafo 1, una persona fisica è considerata residente entrambi gli Stati contraenti, il suo caso viene risolto secondo le regole seguenti:
a) detta persona è considerata residente dello Stato contraente nel quale ha un'abitazione permanente. Quando essa dispone di una abitazione permanente in ciascuno degli Stati contraenti, considerata residente dello Stato contraente nel quale le sue relazioni personali ed economiche sono più strette (centro degli interessi vitali);
b) se non si può determinare lo Stato contraente nel quale detta persona ha il centro dei suoi interessi vitali, o se la medesima non ha una abitazione permanente in alcuno degli Stati contraenti, essa è considerata residente dello Stato contraente in cui soggiorna abitualmente;
c) se detta persona soggiorna abitualmente in entrambi gli Stati contraenti ovvero non soggiorna abitualmente in alcuno di essi, essa è considerata residente dello Stato contraente del quale ha la nazionalità;
d) se detta persona ha la nazionalità di entrambi gli Stati contraenti, o se non ha la nazionalità di alcuno di essi, le autorità competenti degli Stati contraenti risolvono la questione di comune accordo.

3. Quando, in base alle disposizioni del paragrafo 1, una persona diversa da una persona fisica è considerata residente di entrambi gli Stati contraenti, si ritiene che essa è residente dello Stato contraente in cui si trova la sede della sua direzione effettiva.

Articolo 5 - Stabile organizzazione

1. Ai fini della presente Convenzione, l'espressione "stabile organizzazione" designa una sede fissa di affari in cui l'impresa esercita in tutto o in parte la sua attività.

2. L'espressione "stabile organizzazione" comprende in particolare:
a) una sede di direzione;
b) una succursale;
c) un ufficio;
d) una officina;
e) un laboratorio;
f) una miniera, una cava o altro luogo di estrazione di risorse naturali;
g) un cantiere di costruzione o di montaggio la cui durata oltrepassa i sei mesi.

3. Non si considera che vi sia un "stabile organizzazione" se:
a) si fa uso di una installazione ai soli fini di deposito, di esposizione o di consegna di merci appartenenti all'impresa;
b) le merci appartenenti all'impresa sono immagazzinate ai soli fini di deposito, di esposizione o di consegna;
c) le merci appartenenti all'impresa sono immagazzinate ai soli fini della trasformazione da parte di un'altra impresa;
d) una sede fissa di affari è utilizzata ai soli fini di acquistare merci o di raccogliere informazioni per l'impresa;
e) una sede fissa di affari è utilizzata, per l'impresa, ai soli fini di pubblicità, di fornire informazioni, di ricerche scientifiche o di attività analoghe che abbiano carattere preparatorio o ausiliario.

4. Una persona che agisce in uno Stato contraente per conto di un'impresa dell'altro Stato contraente
- diversa da un agente che goda di uno status indipendente, di cui al paragrafo 5 - è considerata "stabile organizzazione" nel primo Stato se dispone nello Stato stesso di poteri che esercita abitualmente e che le permettano di concludere contratti a nome dell'impresa, salvo il caso in cui l'attività di detta persona sia

limitata all'acquisto di merci per l'impresa. Tuttavia, si ritiene che una compagnia di assicurazioni di uno Stato contraente ha una stabile organizzazione nell'altro Stato contraente se essa riscuote premi o assicura rischi in quest'altro Stato, attraverso un rappresentante diverso dalla persona alla quale si applica il successivo paragrafo 5.

5. Non si considera che un'impresa di uno Stato contraente ha una stabile organizzazione nell'altro
Stato contraente per il solo fatto che essa vi esercita la propria attività per mezzo di un mediatore, di un commissionario generale o di ogni altro intermediario che goda di uno status indipendente, a condizione che dette persone agiscano nell'ambito della loro ordinaria attività.

6. Il fatto che una società residente di uno Stato contraente controlli o sia controllata da una società residente dell'altro Stato contraente ovvero svolga la sua attività in quest'altro Stato (sia per mezzo di un stabile organizzazione oppure no) non costituisce di per sé motivo sufficiente per far considerare una qualsiasi delle dette società una stabile organizzazione dell'altra.

Articolo 6 - Redditi immobiliari

1. I redditi derivanti da beni immobili, compresi i redditi delle attività agricole o forestali, sono imponibili nello Stato contraente in cui detti beni sono situati.

2.
a) Fatte salve le disposizioni dei sub-paragrafi b) e c), la espressione "beni immobili" è definita in conformità al diritto dello Stato contraente in cui i beni stessi sono situati;
b) l'espressione comprende in ogni caso gli accessori, le scorte morte o vive delle imprese agricole e forestali, nonché i diritti ai quali si applicano le disposizioni del diritto privato riguardanti la proprietà fondiaria, l'usufrutto dei beni immobili e i diritti relativi a

canoni variabili o fissi per lo sfruttamento o la concessione dello sfruttamento di giacimenti minerari, sorgenti ed altre ricchezze del suolo;
c) le navi, i battelli e gli aeromobili non sono considerati beni immobili.

3. Le disposizioni del paragrafo 1 si applicano ai redditi derivanti dalla utilizzazione diretta, dalla localizzazione o dall'affitto, nonché da ogni altra forma di utilizzazione di beni immobili.

4. Le disposizioni dei paragrafi 1 e 3 si applicano anche ai redditi derivanti dai beni immobili di un'impresa nonché ai redditi dei beni immobili utilizzati per l'esercizio di una libera professione.

Articolo 7 - Utili delle imprese

1. Gli utili di un'impresa di uno Stato contraente sono imponibili soltanto in detto Stato, a meno che l'impresa non svolga la sua attività nell'altro Stato contraente per mezzo di una stabile organizzazione ivi situata. Se l'impresa svolge in tal modo la sua attività, gli utili dell'impresa sono imponibili nell'altro Stato ma soltanto nella misura in cui detti utili sono attribuibili alla stabile organizzazione.

2. Quando un'impresa di uno Stato contraente svolge la sua attività nell'altro Stato contraente per mezzo di una stabile organizzazione ivi situata, in ciascuno Stato contraente vanno attribuiti a detta stabile organizzazione gli utili che si ritiene sarebbero stati da essa conseguiti se si fosse trattato di un'impresa distinta e separata svolgente attività identiche o analoghe in condizioni identiche o analoghe e in piena indipendenza dall'impresa di cui essa costituisce una stabile organizzazione.

3. Nella determinazione degli utili di una stabile organizzazione sono ammesse in deduzione spese sostenute per gli scopi perseguiti dalla stessa stabile organizzazione, comprese le spese

direzione e le spese generali di amministrazione.

4. Nessun utile può essere attribuito ad una stabile organizzazione per il solo fatto che essa acquistato merci per l'impresa.

5. Quando gli utili comprendono elementi di reddito considerati separatamente in altri articoli della presente Convenzione, le disposizioni di tali articoli non vengono modificate da quelle del presente articolo.

Articolo 8 - Navigazione marittima ed aerea

1. Gli utili derivanti dall'esercizio, in traffico internazionale, di navi o di aeromobili sono imponibili soltanto nello Stato contraente in cui è situata la sede della direzione effettiva dell'impresa.

2. Se la sede della direzione effettiva dell'impresa di navigazione marittima è situata a bordo di una nave, detta sede si considera situata nello Stato contraente in cui si trova il porto d'immatricolazione della nave; oppure, in mancanza di un porto di immatricolazione, nello stato contraente di cui residente l'esercente la nave.

3. Le disposizioni del paragrafo 1 si applicano parimenti agli utili derivanti dalla partecipazione un fondo comune (pool), a un esercizio in comune o ad un organismo internazionale di esercizio.

4. L'Accordo tra il Brasile e l'Italia del 4 ottobre 1957 inteso ad evitare la doppia imposizione redditi derivanti dall'esercizio della navigazione marittima ed aerea cesserà di aver effetto con riferimento alle imposte relative ai periodi per i quali la presente Convenzione ha effetto con riferimento alle predette imposte.

Articolo 9 - Imprese associate

Allorché:

a) un'impresa di uno stato contraente partecipa, direttamente o indirettamente, alla direzione, controllo o al capitale di un'impresa dell'altro Stato contraente, o

b) le medesime persone partecipano, direttamente o indirettamente, alla direzione, al controllo o capitale di un'impresa di uno Stato contraente e di un'impresa dell'altro Stato contraente,e, nell'uno nell'altro caso, le due imprese, nelle loro relazioni commerciali o finanziarie, sono vincolate condizioni accettate o imposte, diverse da quelle che sarebbero state convenute tra imprese indipendenti, gli utili che in mancanza di tali condizioni sarebbero stati realizzati da una delle imprese, ma che a causa di dette condizioni non lo sono stati, possono essere inclusi negli utili questa impresa e tassati in conseguenza.

Articolo 10 - Dividendi

1. I dividendi pagati da una società residente di uno Stato contraente ad un residente dell'altro Stato contraente sono imponibili in detto altro Stato.

2. Tuttavia, tali dividendi possono essere tassati nello Stato contraente di cui la società che paga i dividendi è residente ed in conformità alla legislazione di detto Stato, ma, se la persona che percepisce i dividendi ne è l'effettivo beneficiario, l'imposta così applicata non può eccedere il 15 per cento dell'ammontare lordo dei dividendi. Questo paragrafo non riguarda l'imposizione della società per gli utili con i quali sono stati pagati i dividendi.

3. Le disposizioni dei paragrafi 1 e 2 non si applicano nel caso in cui il beneficiario dei dividendi, residente di uno Stato contraente, abbia nell'altro Stato contraente, di cui è residente la società che paga i dividendi, una stabile organizzazione cui si ricolleghi

effettivamente la partecipazione generatrice dei dividendi. In tal caso, i dividendi sono imponibili in detto altro Stato contraente secondo la propria legislazione.

4. Ai fini del presente articolo il termine "dividendi" designa i redditi derivanti da azioni o diritti di godimento, da quote minerarie, da quote di fondatore o da altre quote di partecipazione agli utili, ad eccezione dei crediti, nonché i redditi di altre quote sociali assimilabili ai redditi delle azioni secondo la legislazione fiscale dello Stato di cui è residente la società distributrice.

5. Quando un residente dell'Italia ha una stabile organizzazione in Brasile, detta stabile organizzazione può essere assoggettata, ai sensi della legislazione brasiliana, ad un'imposta prelevata alla fonte. Tuttavia, tale imposta non può eccedere il 15 per cento dell'ammontare lordo degli utili di detta stabile organizzazione determinanti al netto del pagamento dell'imposta sulle società relative a tali utili.

6. Qualora una società residente di uno Stato contraente ricavi utili o redditi dall'altro Stato contraente, detto altro Stato contraente non può applicare alcuna imposta sui dividendi pagati dalla società, a meno che tali dividendi siano pagati da un residente di detto altro Stato o che la partecipazione generatrice dei dividendi si ricolleghi effettivamente a una stabile organizzazione situata in detto altro Stato, né prelevare alcuna imposta, a titolo di imposizione degli utili non distribuiti, sugli utili non distribuiti della società, anche se i dividendi pagati o gli utili non distribuiti costituiscano in tutto o in parte utili o redditi realizzati in detto altro Stato.

7. Le limitazioni delle aliquote di imposta stabilite nei paragrafi 2 e 5 non si applicano ai dividendi o agli utili pagati o rimessi prima dello scadere del terzo anno solare successivo a quello d'entrata in vigore della Convenzione.

Articolo 11 - Interessi

1. Gli interessi provenienti da uno Stato contraente e pagati ad un residente dell'altro Stato contraente sono imponibili in detto altro Stato.

2. Tuttavia, tali interessi possono essere tassati nello Stato contraente dal quale essi provengono ed in conformità della legislazione di detto Stato, ma, se la persona che percepisce gli interessi ne è l'effettivo beneficiario, l'imposta così applicata non può eccedere il 15 per cento dell'ammontare lordo degli interessi.

3. Nonostante le disposizioni dei paragrafi 1 e 2, gli interessi provenienti da uno Stato contraente e pagati al Governo dell'altro Stato contraente, ad una sua suddivisione politica o amministrativa o ad un ente (compresi gli istituti finanziari) interamente di proprietà di quel Governo o suddivisione politica o amministrativa, sono esenti da imposta nel detto primo Stato contraente.

4. Ai fini del presente articolo il termine "interessi" designa i redditi dei titoli del debito pubblico, delle obbligazioni di prestiti garantiti o non da ipoteca e portanti o meno una clausola di partecipazione agli utili, e dei crediti di qualsiasi natura, nonché ogni altro provento assimilabile ai redditi di somme date in prestito, in base alla legislazione fiscale dello Stato contraente da cui i redditi provengono.

5. Le disposizioni dei paragrafi 1 e 2 non si applicano nel caso in cui il beneficiario degli interessi, residente di uno Stato contraente, abbia nell'altro Stato contraente, dal quale provengono gli interessi, una stabile organizzazione cui si ricollega effettivamente il credito generatore degli interessi. In tal caso gli interessi sono imponibili in detto altro Stato contraente secondo la propria legislazione.

6. Le limitazioni previste al paragrafo 2 non si applicano agli interessi provenienti da uno Stato contraente e pagati ad una

stabile organizzazione di un'impresa dell'altro Stato contraente situata in uno Stato terzo.

7. Gli interessi si considerano provenienti da uno Stato contraente quando il debitore è lo Stato contraente stesso, una sua suddivisione politica o amministrativa, o un residente di detto Stato. Tuttavia, quando il debitore degli interessi, sia esso residente o no di uno Stato contraente, ha in uno Stato contraente una stabile organizzazione per le cui necessità viene contratto il debito sul quale sono pagati gli interessi e tali interessi sono a carico della stabile organizzazione, gli interessi stessi si considerano provenienti dallo Stato contraente in cui è situata la stabile organizzazione.

8. Se, in conseguenza di particolari relazioni esistenti tra il debitore ed il creditore o tra ciascuno di essi e terze persone, l'ammontare degli interessi pagati, tenuto conto del credito per il quale sono pagati, eccede quello che sarebbe stato convenuto tra debitore e creditore in assenza di simili relazioni, le disposizioni del presente articolo si applicano soltanto a quest'ultimo ammontare. In tal caso, la parte eccedente dei pagamenti è imponibile in conformità della legislazione di ciascuno Stato contraente e tenuto conto delle altre disposizioni della presente Convenzione.

Articolo 12 - Canoni

1. I canoni provenienti da uno Stato contraente e pagati ad un residente dell'altro Stato contraente sono imponibili in detto altro Stato.

2. Tuttavia, tali canoni possono essere tassati nello Stato contraente dal quale essi provengono e in conformità della legislazione di detto Stato, ma, se la persona che percepisce i canoni ne è l'effettivo beneficiario, l'imposta così applicata non

può eccedere:
a) il 25 per cento dell'ammontare lordo dei canoni derivanti dall'uso o dalla concessione in uso di marchi di fabbrica o di commercio;
b) il 15 per cento in tutti gli altri casi.

3. Le disposizioni dei paragrafi 1 e 2 non si applicano nel caso in cui il beneficiario dei canoni, residente di uno Stato contraente, abbia nell'altro Stato contraente, dal quale provengono i canoni, una stabile organizzazione cui si ricolleghino effettivamente i diritti o i beni generatori dei canoni.
In tal caso i canoni sono imponibili in detto altro Stato contraente secondo la propria legislazione.

4. Ai fini del presente articolo il termine "canoni" designa i compensi di qualsiasi natura corrisposti per l'uso o la concessione in uso di un diritto d'autore su opere letterarie, artistiche o scientifiche (comprese le pellicole cinematografiche, le pellicole o bande magnetiche per trasmissioni televisive o radiofoniche), di brevetti, marchi di fabbrica o di commercio, disegni o modelli, progetti, formule o processi segreti, nonché per l'uso o la concessione in uso di attrezzature industriali, commerciali o scientifiche e per informazioni concernenti esperienze di carattere industriale, commerciale o scientifico.

5. I canoni si considerano provenienti da uno Stato contraente quando il debitore è lo Stato stesso, una sua suddivisione politica o amministrativa, un suo ente locale o un residente di detto Stato. Tuttavia, quando il debitore dei canoni, sia esso residente o no di uno Stato contraente, ha in uno Stato contraente una stabile organizzazione alla quale si ricollega la prestazione che ha dato luogo al pagamento dei canoni e che come tale ne sopporta l'onere, i canoni stessi si considerano provenienti dallo Stato contraente in cui è situata la stabile organizzazione.

6. Se, in conseguenza di particolari relazioni esistenti tra debitore e creditore o tra ciascuno di essi e terze persone, l'ammontare dei canoni pagati, tenuto conto della prestazione per la quale sono

pagati, eccede quello che sarebbe stato convenuto tra debitore e creditore in assenza di simili relazioni, le disposizioni del presente articolo si applicano soltanto a quest'ultimo ammontare. In tal caso, la parte eccedente dei pagamenti è imponibile in conformità della legislazione di ciascuno Stato contraente e tenuto conto delle altre disposizioni della presente Convenzione.

7. La limitazione dell'aliquota di imposta prevista al paragrafo 2-b) non si applica ai canoni pagati prima dello scadere del terzo anno solare successivo a quello di entrata in vigore della Convenzione, se tali canoni sono pagati ad un residente di uno Stato contraente che detiene, direttamente o indirettamente, almeno il 50 per cento delle azioni con diritto di voto della società che paga tali canoni.

Articolo 13 - Utili di capitale
1. Gli utili derivanti dall'alienazione di beni immobili secondo la definizione di cui al paragrafo 2 dell'articolo 6, sono imponibili nello Stato contraente dove i beni immobili sono situati.
2. Gli utili derivanti dall'alienazione di beni mobili facenti parte dell'attivo di una stabile
organizzazione che un'impresa di uno Stato contraente ha nell'altro Stato contraente, ovvero di beni immobili appartenenti ad una base fissa di cui dispone un residente di uno Stato contraente nell'altro Stato contraente per l'esercizio di una libera professione, compresi gli utili provenienti dalla alienazione totale di detta stabile organizzazione (da sola od in uno con l'intera impresa) o di detta base fissa, sono imponibili in detto altro Stato. Tuttavia gli utili derivanti dall'alienazione di navi e di aeromobili impiegati in traffico internazionale come pure i beni mobili relativi alla loro gestione sono imponibili soltanto nello Stato contraente in cui si trova la sede della direzione effettiva dell'impresa.
3. Gli utili derivanti dall'alienazione di beni o diritti diversi da quelli menzionati ai paragrafi 1 e 2 sono imponibili in entrambi gli Stati contraenti.

Articolo 14 – Professioni indipendenti

1. I redditi che un residente di uno Stato contraente ritrae dall'esercizio di una libera professione o da altre attività indipendenti di carattere analogo sono imponibili soltanto in detto Stato, a meno che le remunerazioni corrisposte per tali attività o servizi non siano sostenute da una stabile organizzazione situata nell'altro Stato contraente o di una società ivi residente. In tal caso, detti redditi sono imponibili in questo altro Stato.

2. L'espressione "libera professione" comprende, in particolare, le attività indipendenti di carattere scientifico, tecnico, letterario, artistico, educativo o pedagogico, nonché le attività indipendenti dei medici, avvocati, ingegneri, architetti, dentisti e contabili.

Articolo 15 - Lavoro subordinato

1. Salve le disposizioni degli articoli 16, 18, 19, 20 e 21, i salari, gli stipendi e le altre
remunerazioni analoghe che un residente di uno Stato contraente riceve in corrispettivo di un'attività dipendente sono imponibili soltanto in detto Stato, a meno che tale attività non venga svolta nell'altro Stato contraente. Se l'attività è quivi svolta, le remunerazioni percepite a tal titolo sono imponibili in questo altro Stato.

2. Nonostante le disposizioni del paragrafo 1, le remunerazioni che un residente di uno Stato contraente riceve in corrispettivo di un'attività dipendente svolta nell'altro Stato contraente sono imponibili soltanto nel primo Stato se:
a) il beneficiario soggiorna nell'altro Stato per un periodo o periodi che non oltrepassano in totale 183 giorni nel corso dell'anno fiscale considerato;
b) le remunerazioni sono pagate da o per conto di un datore di lavoro che non è residente dell'altro Stato;
c) l'onere delle remunerazioni non è sostenuto da una stabile organizzazione o da una base fissa che il datore di lavoro ha

nell'altro Stato.

3. Nonostante le disposizioni precedenti del presente articolo, le remunerazioni relative ad attività dipendente svolta a bordo di navi o di aeromobili in traffico internazionale sono imponibili nello Stato contraente nel quale è situata la sede della direzione effettiva dell'impresa.

Articolo 16 - Compensi e gettoni di presenza
Le partecipazioni agli utili, i gettoni di presenza e le altre retribuzioni analoghe che un residente di uno Stato contraente riceve in qualità di membro del consiglio di amministrazione o del collegio sindacale o di altri organi di controllo di una società residente dell'altro Stato contraente sono imponibili in detto altro Stato.

Articolo 17 - Artisti e sportivi

1. Nonostante le disposizioni degli articoli 14 e 15, i redditi che gli artisti dello spettacolo, quali gli artisti di teatro, del cinema, della radio o della televisione ed i musicisti, nonché gli sportivi, ritraggono dalle loro prestazioni personali in tale qualità, sono imponibili nello Stato contraente in cui dette attività sono svolte.

2. Quando il reddito proveniente da prestazioni personali di un artista dello spettacolo o di uno sportivo, in tale qualità, è attribuito a persone diverse dall'artista o dallo sportivo medesimo, detto reddito può essere tassato nello Stato contraente dove dette prestazioni sono svolte, nonostante le disposizioni degli articoli 7, 14 e 15.

Articolo 18 - Pensioni e annualità

1. Fatte salve le disposizioni dell'art. 19, le pensioni e le altre remunerazioni analoghe non eccedenti nell'anno solare una somma pari a 5.000 dollari statunitensi, gli assegni alimentari non eccedenti nell'anno solare una somma pari a 5.000 dollari statunitensi, nonché le annualità provenienti da uno Stato contraente e pagati ad un residente dell'altro Stato contraente sono imponibili soltanto in detto altro Stato. L'ammontare delle pensioni o degli assegni alimentari che eccede i suddetti limiti è imponibile in entrambi gli Stati contraenti.

2. Ai fini del presente articolo:
a) l'espressione "pensioni ed altre remunerazioni analoghe" designa i pagamenti periodici corrisposti successivamente al collocamento a riposo in relazione ad un cessato impiego o come risarcimento di danni subiti in relazione ad un cessato impiego;
b) il termine "annualità" designa le somme fisse pagate periodicamente vita natural durante, oppure per un periodo di tempo determinato o determinabile in dipendenza di un obbligo contratto di effettuare tali pagamenti contro un adeguato e pieno corrispettivo in denaro o in beni valutabili in denaro (diversi dai servizi resi).

Articolo 19 - Funzioni pubbliche

1.
a) Le remunerazioni, diverse dalle pensioni, pagate da uno Stato contraente o da una sua suddivisione politica o amministrativa o da un suo ente locale a una persona fisica, in corrispettivo di servizi resi a detto Stato o a detta suddivisione od ente locale, sono imponibili soltanto in questo Stato.
b) Tuttavia, tali remunerazioni sono imponibili soltanto nell'altro Stato contraente qualora i servizi siano resi in detto Stato ed il beneficiario della remunerazione sia un residente di detto altro Stato contraente che:

c) abbia la nazionalità di detto Stato; o
d) non sia divenuto residente di detto Stato al solo scopo di rendervi i servizi.

2.
a) Le pensioni corrisposte da uno Stato contraente o da una sua suddivisione politica od amministrativa o da un suo ente locale, sia direttamente sia mediante prelevamento da fondi da essi costituiti, a una persona fisica in corrispettivo di servizi resi a detto Stato o a detta suddivisione od ente locale, sono imponibili soltanto in questo Stato.
b) Tuttavia, tali pensioni sono imponibili soltanto nell'altro Stato contraente se il beneficiario è un nazionale e un residente di detto Stato.

3. Le disposizioni degli articoli 15, 16 e 18 si applicano alle remunerazioni o pensioni pagate in corrispettivo di servizi resi nell'ambito di un'attività industriale o commerciale esercitata da uno Stato contraente o da una sua suddivisione politica o amministrativa o da un suo ente locale.

4. Le pensioni pagate nel quadro di un sistema di sicurezza sociale di uno Stato contraente ad un residente dell'altro Stato contraente sono imponibili soltanto in quest'ultimo Stato.

Articolo 20 - Professori o ricercatori
Una persona fisica che è, o era immediatamente prima di visitare uno Stato contraente, un residente dell'altro Stato contraente e che, su invito di detto primo Stato contraente o di un'università, collegio, scuola, museo o altra istituzione culturale di detto primo Stato contraente o nell'ambito di un programma ufficiale di scambi culturali, soggiorna in questo Stato per un periodo che non ecceda i due anni al solo scopo di insegnare, tenere conferenze o effettuare ricerche presso tali istituzioni, è esente in questo Stato da imposta per le remunerazioni che riceve in dipendenza di tale attività.

Articolo 21 - Studenti

1. Le somme che uno studente o un apprendista il quale è, o era prima, residente di uno Stato contraente e che soggiorna nell'altro Stato contraente al solo scopo di compiervi i suoi studi o di attendere alla propria formazione professionale, riceve per sopperire alle spese di mantenimento, di istruzione o di formazione professionale, non sono imponibili in questo altro Stato, a condizione che tali somme provengano da fonti situate fuori di detto altro Stato.

2. Le disposizioni del paragrafo 1 si applicano anche alle remunerazioni che uno studente o un apprendista riceve in corrispettivo di un'attività di lavoro dipendente svolta nello Stato contraente nel quale attende ai suoi studi o alla sua formazione professionale, a condizione che tali remunerazioni costituiscano il reddito strettamente necessario per il suo mantenimento.

3. Uno studente presso un'università, collegio o scuola di uno Stato contraente, che soggiorna nell'altro Stato contraente al solo scopo di compiervi il proprio addestramento pratico è esente da imposta in detto altro Stato, per un periodo non eccedente i due anni, per le remunerazioni ricevute in corrispettivo dell'attività svolta in detto ultimo Stato in connessione con i suoi studi.

Articolo 22 - Redditi non espressamente menzionati
Gli elementi di reddito di un residente di uno Stato contraente che non sono espressamente indicati negli articoli precedenti della presente Convenzione sono imponibili in entrambi gli Stati contraenti.

Articolo 23 - Metodo per evitare le doppie imposizioni

1. Se un residente del Brasile ricava redditi che, in conformità alle disposizioni della presente Convenzione, sono imponibili in Italia, il Brasile accorda sull'imposta gravante i redditi di detta persona una deduzione pari all'ammontare dell'imposta pagata in Italia. La deduzione non può, tuttavia, eccedere la quota d'imposta sul reddito, calcolata prima della deduzione, attribuibile ai redditi imponibili in Italia. Ai fini della predetta deduzione, l'imposta italiana è sempre da considerarsi pagata con l'aliquota del 25 per cento dell'ammontare lordo dei dividendi pagati ad un residente del Brasile.

2. Se un residente dell'Italia possiede elementi di reddito provenienti dal Brasile, l'Italia, nel calcolare le proprie imposte sul reddito specificate nell'articolo 2 della presente Convenzione, può includere nella base imponibile di tali imposte detti elementi di reddito, a meno che espresse disposizioni della presente Convenzione non stabiliscano diversamente. In tal caso, l'Italia deve dedurre dalle imposte così calcolate l'imposta sui redditi pagata in Brasile, ma l'ammontare della deduzione non può eccedere la quota di imposta italiana attribuibile ai predetti elementi di reddito nella proporzione in cui gli stessi concorrono alla formazione del reddito complessivo. Nessuna deduzione sarà, invece, accordata ove l'elemento di reddito venga assoggettato in Italia ad imposizione mediante ritenuta a titolo di imposta su richiesta del beneficiario di detto reddito.

3. Se una società residente dell'Italia detiene almeno il 25 per cento del capitale di una società residente del Brasile, l'Italia esenta da imposta i dividendi ricevuti dalla società residente dell'Italia e che provengono dalla società residente del Brasile.

4. Ai fini della deduzione stabilita al paragrafo 2 del presente articolo, l'imposta brasiliana è sempre da considerarsi pagata con l'aliquota del 25 per cento dell'ammontare lordo:
a) dei dividendi definiti al paragrafo 4 dell'articolo 10;
b) degli interessi definiti al paragrafo 4 dell'articolo 11, e c) dei

canoni definiti al paragrafo 4 dell'articolo 12.

5. Il valore delle azioni emesse da una società di uno Stato contraente il cui capitale è, in tutto o in parte, direttamente o indirettamente, posseduto o controllato da uno o più residenti dell'altro Stato contraente, non è soggetto in detto ultimo Stato all'imposta sul reddito.

6. Le disposizioni dei paragrafi 1 e 2 si applicano ai fini della determinazione degli utili di una stabile organizzazione che un residente di uno Stato contraente ha nell'altro Stato contraente.

Articolo 24 - Non discriminazione

1. I nazionali di uno Stato contraente non sono assoggettati nell'altro Stato contraente ad alcuna imposizione od obbligo ad essa relativo, diversi o più onerosi di quelli cui sono o possono essere assoggettati i nazionali di detto altro Stato che si trovino nella stessa situazione.

2. L'imposizione di una stabile organizzazione che un'impresa di uno Stato contraente ha nell'altro Stato contraente non deve essere in questo altro Stato meno favorevole dell'imposizione a carico delle imprese di detto altro Stato che svolgono le medesime attività. Tale disposizione non può essere interpretata nel senso che essa faccia obbligo ad uno Stato contraente di accordare ai residenti dell'altro Stato contraente le deduzioni personali, gli abbattimenti alla base e le riduzioni di imposta che esso accorda ai propri residenti in relazione alla loro situazione o ai loro carichi di famiglia.

3. Le imprese di uno Stato contraente, il cui capitale è, in tutto o in parte, detenuto o controllato, direttamente o indirettamente, da uno o più residenti dell'altro Stato contraente, non sono assoggettate in detto primo Stato ad alcuna imposizione o obbligo ad essa relativo, diversi o più onerosi di quelli cui sono o potranno essere assoggettate le altre imprese della stessa natura di detto

primo Stato, il cui capitale è, in tutto o in parte, posseduto o controllato, direttamente o indirettamente, da uno o più residenti di uno Stato terzo.

4. Ai fini del presente articolo, il termine "imposizione" designa le imposte che formano oggetto della presente Convenzione.

Articolo 25 - Procedure amichevoli

1. Quando un residente di uno Stato contraente ritiene che le misure adottate da uno o da entrambi gli Stati contraenti comportano o comporteranno per lui una imposizione non conforme alle disposizioni della presente Convenzione, egli può, indipendentemente dai ricorsi previsti dalla legislazione nazionale di detti Stati, sottoporre il caso all'autorità competente dello Stato contraente di cui è residente.

2. L'autorità competente, se il ricorso le appare fondato e se essa non è in grado di giungere ad una soddisfacente soluzione farà del suo meglio per regolare il caso per via di amichevole composizione con l'autorità competente dell'altro Stato contraente, al fine di evitare una tassazione non conforme alla Convenzione.

3. Le autorità competenti degli Stati contraenti faranno del loro meglio per risolvere per via di amichevole composizione le difficoltà o i dubbi inerenti all'interpretazione o all'applicazione della Convenzione.

4. Le autorità competenti degli Stati contraenti potranno comunicare direttamente tra loro al fine di pervenire ad un accordo nel senso indicato nei paragrafi precedenti.

Articolo 26 - Scambio di informazioni

1. Le autorità competenti degli Stai contraenti si scambieranno le informazioni necessarie per applicare le disposizioni della presente Convenzione. Le informazioni così scambiate saranno tenute segrete e non potranno essere comunicate a persone o autorità comprese quelle giudiziarie diverse da quelle interessate all'accertamento o alla riscossione delle imposte che formano oggetto della presente Convenzione, nonché alle decisioni di ricorsi o di procedimenti penali relativi a dette imposte.

2. Le disposizioni del paragrafo 1 non possono in nessun caso essere interpretate nel senso di imporre ad uno degli Stati contraenti l'obbligo:
a) di adottare provvedimenti amministrativi in deroga alla propria legislazione o alla propria prassi amministrativa o a quelle dell'altro contraente;
b) di fornire informazioni che non potrebbero essere ottenute in base alla propria legislazione o nel quadro della propria normale prassi amministrativa o di quella dell'altro Stato contraente;
c) di trasmettere informazioni che potrebbero rivelare un segreto commerciale, industriale, professionale o un processo commerciale oppure informazioni la cui comunicazione sarebbe contraria all'ordine pubblico.

Articolo 27 - Funzionari diplomatici e consolari

Le disposizioni della presente Convenzione non pregiudicano i privilegi fiscali di cui beneficiano i funzionari diplomatici o consolari in virtù delle regole generali del diritto internazionale o di accordi particolari.

Articolo 28 - Entrata in vigore

1. La presente Convenzione sarà ratificata e gli strumenti di ratifica saranno scambiati a Brasilia.

2. La presente Convenzione entrerà in vigore alla data dello

scambio degli strumenti di ratifica e le sue disposizioni si applicheranno per la prima volta:

I) con riferimento alle imposte prelevate alla fonte, ai redditi pagati o attribuiti il, o successivamente al, 1° gennaio dell'anno solare immediatamente successivo a quello dell'entrata in vigore della Convenzione;

II) con riferimento alle altre imposte oggetto della presente Convenzione, gli anni fiscali che iniziano il, o successivamente al, 1° gennaio dell'anno solare immediatamente successivo a quello dell'entrata in vigore della Convenzione.

Articolo 29 - Denuncia

Ciascuno Stato contraente può denunciare la presente Convenzione dopo un periodo di tre anni dall'entrata in vigore della Convenzione notificandone per iscritto la cessazione all'altro Stato contraente, per via diplomatica, a condizione che tale notifica venga effettuata il, o prima del, 30 giugno di ciascun anno solare.
In tal caso la presente Convenzione si applicherà per l'ultima volta:

I) con riferimento alle imposte prelevate alla fonte, ai redditi pagati o attribuiti prima della fine dell'anno solare nel quale è stata notificata la cessazione;

II) con riferimento alle altre imposte oggetto della presente Convenzione, agli importi ricevuti nel corso dell'anno fiscale che inizia nell'anno solare nel quale è stata notificata la cessazione.
In fede di che i sottoscritti, debitamente autorizzati a farlo, hanno firmato la presente Convenzione.

Fatto a Roma il 3 ottobre 1978, in duplice esemplare in lingua italiana, portoghese ed inglese, tutti i testi facenti egualmente fede e prevalendo il testo inglese in caso di dubbio.

Per il Governo italiano
Franco Maria Malfatti

Per il Governo brasiliano
Mario Henrique Simonsen

PROTOCOLLO

All'atto della firma della Convenzione conclusa in data odierna tra il Governo della Repubblica italiana e il Governo della Repubblica federale del Brasile per evitare le doppie imposizioni e prevenire le evasioni fiscali in materia di imposte sul reddito, i sottoscritti hanno concordato le seguenti disposizioni supplementari che formano parte integrante della predetta Convenzione.

Resta inteso che:

1. Con riferimento all'articolo 2 Indipendentemente dalle imposte elencate al paragrafo 2, la Convenzione si applicherà anche alle imposte sul reddito che in futuro saranno prelevate da, o per conto di, suddivisioni politiche o amministrative od enti locali.

2. Con riferimento all'articolo 7, paragrafo 3 L'espressione "spese sostenute per gli scopi perseguiti dalla stabile organizzazione" designa le spese direttamente connesse con l'attività della stabile organizzazione.

3. Con riferimento all'articolo 10, paragrafo 4 Per quanto concerne il Brasile, il termine "dividendi" comprende anche le distribuzioni di utili relative a certificati emessi da fonti di

investimenti residenti del Brasile.

4. Con riferimento all'articolo 11 Le provvigioni pagate da un residente del Brasile ad una banca o istituto finanziario in relazione a servizi resi da tale banca o istituto finanziario, sono considerate interessi e assoggettate alle disposizioni dell'articolo 11.

5. Con riferimento all'articolo 12, paragrafo 4 L'espressione "per informazioni concernenti esperienze di carattere industriale, commerciale o scientifico" di cui al paragrafo 4 dell'articolo 12 comprende i redditi derivanti dalla prestazione di assistenza tecnica e di servizi tecnici.

6. Con riferimento all'articolo 14 Le disposizioni dell'articolo 14 si applicano anche se le attività sono esercitate da una società di persone o da una società semplice (sociedade civil).

7. Con riferimento all'articolo 24 paragrafo 2 Le disposizioni del paragrafo 5 dell'articolo 10 non sono in contrasto con le disposizioni del paragrafo 2 dell'articolo 24.

8. Con riferimento all'articolo 24, paragrafo 3
a) le disposizioni della legislazione brasiliana che non consentono la deducibilità dei canoni definiti al paragrafo 4 dell'articolo 12 e pagati da una società residente del Brasile ad un residente dell'Italia che detengono almeno il 50 per cento delle azioni con diritto di voto di detta società, all'atto dell'accertamento del reddito imponibile della società residente del Brasile, non sono in contrasto con le disposizioni del paragrafo 3 dell'articolo 24 della presente Convenzione;
b) nell'eventualità che il Brasile, dopo la firma della presente Convenzione, ammetta, mediante legge interna o con una Convenzione fiscale, la deducibilità dei canoni definiti al paragrafo 4 dell'articolo 12 e pagati da un'impresa che è residente del Brasile ad un'impresa residente di uno Stato terzo non situato nell'America latina e che detiene almeno il 50 per cento del capitale dell'impresa residente del Brasile, all'atto della

determinazione degli utili imponibili di questa impresa, una corrispondente deduzione sarà automaticamente accordata, nelle stesse circostanze, ad un'impresa residente del Brasile che corrisponda canoni ad un'impresa residente dell'Italia.

9. Ai fini della determinazione dell'imposta sul reddito dovuta da un residente di uno Stato contraente sui redditi provenienti dall'altro Stato contraente, il detto primo Stato non considera in nessun caso tale reddito maggiore dell'ammontare lordo dei redditi che provengono dall'altro Stato contraente.

10. Le imposte riscosse in uno Stato contraente mediante ritenuta alla fonte sono rimborsate a richiesta del contribuente qualora il diritto alla percezione di dette imposte sia limitato dalle disposizioni della presente Convenzione. Le istanze di rimborso, da prodursi in osservanza dei termini stabiliti dalla legislazione dello Stato contraente tenuto ad effettuare il rimborso stesso, devono essere corredate di un attestato ufficiale dello Stato contraente di cui il contribuente è residente certificante che sussistono le condizioni richieste per avere diritto all'applicazione dei benefici previsti dalla presente Convenzione.

Le autorità competenti degli Stati contraenti stabiliranno di comune accordo, conformemente alle disposizioni dell'articolo 25 della presente Convenzione, le modalità di applicazione della presente disposizione.

In fede di che i sottoscritti, debitamente autorizzati a farlo, hanno firmato il presente protocollo.

Fatto a Roma il 3 ottobre 1978 in duplice esemplare in lingua italiana, portoghese ed inglese, avendo tutti i testi uguale valore e prevalendo il testo inglese in caso di dubbio.

Per il Governo italiano
Franco Maria Malfatti

Per il Governo brasiliano
Mario Henrique Simonsen

1 Ratificata con L. 29/11/1980, n. 844 (G.U. 15/12/1980, n. 342, S.O.). Scambio degli strumenti di ratifica: 24/04/1981. Entrata in vigore il 24/04/1981 (G.U. 11/05/1981, n. 127).

DIRITTO DEL LAVORO

Contratti di lavoro
Il contratto di lavoro in Brasile non deve avere necessariamente la forma scritta "ad substantiam". Il rapporto di lavoro, tuttavia, deve essere trascritto nel libretto di lavoro del dipendente - Carteira de Trabalho e Previdencia Social: CTPS.
Il contratto di lavoro può essere stipulato a tempo determinato o indeterminato.
Il contratto a tempo determinato può stipularsi esclusivamente nelle ipotesi di contratti di formazione e nelle ipotesi di necessità di sopperire a fabbisogni temporanei.
I suddetti contratti, inoltre, non possono avere durata superiore ai due anni (90 giorni per i contratti di formazione). Alla scadenza del contratto nessuna indennità sarà dovuta al dipendente.
La tipologia contrattuale maggiormente utilizzata dagli operatori stranieri in Brasile è quella del contratto a tempo indeterminato. Va segnalato che in Brasile non vi è una norma simile a quella di cui all'art. 18 dello Statuto dei Lavoratori Italiano. Il contratto di lavoro a tempo indeterminato, pertanto, può risolversi in qualsiasi momento, anche in assenza della giusta causa o del giustificato motivo, dovendo il datore di lavoro, qualora la cessazione del

rapporto non sia dovuta a motivi da attribuirsi al lavoratore, corrispondere esclusivamente l'indennità prevista dalla legge.

Diritti essenziali dei dipendenti

I diritti essenziali dei lavoratori brasiliani, non inderogabili per accordi tra le parti sono:

- diritto allo stipendio (vi è un minimo di legge oltre i minimi stabiliti dai singoli contratti collettivi), per un totale di 13 (tredici) mensilità l'anno;
- diritto ad una giornata di lavoro standard di non oltre 8 (otto) ore;
- pagamento di straordinari per le ore eccedenti l'orario normale di lavoro;
- riposo settimanale remunerato;
- ferie annuali (in media di 30 giorni);
- diritto ai contributi previdenziali;

Estinzione del rapporto di lavoro

Il rapporto di lavoro si estingue per dimissione del lavoratore, per licenziamento, e negli altri casi previsti dalla legge (scadenza del contratto a tempo determinato, pensione del lavoratore, morte o incapacità totale, ecc.)
Il licenziamento può avvenire anche senza giusta causa o giustificato motivo.
Nelle ipotesi di licenziamento senza giusta causa, il datore di lavoro è tenuto al pagamento, oltre allo stipendio e al rateo di ferie, di una indennità pari al 50 % di quanto lo stesso ha o avrebbe dovuto versare al Fondo di Garanzia per Periodo di Servizio (FGTS: pari all'8 % dello stipendio mensile). Nelle ipotesi di licenziamento per giusta causa il datore di lavoro non è tenuto al pagamento di nessuna indennità, fermo restando il rateo delle ferie e gli stipendi.

La commissione di prevenzione di infortuni sul lavoro (CIPA)

I datori di lavoro che hanno alle proprie dipendenze oltre 50 lavoratori devono nominare una Commissione per la Prevenzione di Incidenti sul Lavoro, il cui compito è quello di suggerire le misure da adottare per prevenire gli infortuni sul lavoro. La CIPA è formata da rappresentanti dei lavoratori e dei datori di lavoro.

Contributi

I contributi sono destinati all'Istituto per l'Assicurazione Sociale (INSS), nonché ad altri enti fornitori di servizi, promotori di azioni sociali, formazione professionale ed assistenza ai lavoratori.I contributi, da calcolasi sul listino paga, variano dal 26,8% al 28,8%.

LO SAPEVI CHE...?

Le foreste coprono il 65% del suo territorio? In Brasile si trova la più grande foresta pluviale tropicale del mondo: l'Amazzonia, con piante rare utilizzate anche nella moderna medicina?

In brasile, inoltre, le specie animali sono tra le più varie del mondo?

Nel Nordest, il paesaggio è tipicamente tropicale con spiagge bianchissime circondate da magnifiche palme e un mare caldo?

Secondo la Banca Mondiale Brasile, India e Cina saranno i paesi con il più alto tasso di crescita nei prossimi 25 anni?

Il Brasile è l'ottava economia del mondo con un PIL di US$ 840 miliardi?

Il Brasile è il maggior paese con area coltivabile del mondo (22% di tale aerea)?

E' il 1° produttore mondiale di caffè, arance e canna da zucchero? Il 2° di mandioca, fagioli, carne bovina e pollame? Il 3° di zucchero e granoturco? Il 2° esportatore mondiale di polli e il 4° di carne suina?

E' il 2° produttore mondiale di minerali di ferro, il 5° di manganese, il 6° di alluminio, il 7° di oro e 8° di stagno?

Il Brasile possiede la sesta maggiore riserva di ferro del mondo?

Il PIL dell'Argentina è equivalente a quello dell'interno dello Stato di Sào Paulo?

La maggiore centrale idroelettrica del mondo è Itaipu?

Il Brasile occupa la decima posizione mondiale come produttore di energia elettrica?

Il Brasile possiede il decimo parco industriale del mondo?

E' il 7° paese del mondo in numero di computer e il maggiore mercato mondiale di informatica?

Il Brasile è al 1° posto per numero di utenti di "Internet Banking", superando Canada, USA e Giappone?

E' il 2° fabbricante mondiale di rivestimenti di ceramica e compressori per refrigerazione, il 4° di birra, il 5° di benzina, il 6° di sigarette, il 7° di frigoriferi?

Il Brasile è il centro di eccellenza in settori come ingegneria aeronautica, alta tecnologia petrolifera, sviluppo di satelliti, arricchimento di uranio e vaccini?

Il Brasile è l'unico paese dell'Emisfero Sud che fa parte del Progetto Genoma?

È il 3° fabbricante mondiale di aerei per voli regionali e di addestramento?

La società Brasiliana EMBRAER è il 4° fabbricante mondiale di aerei commerciali?

La EMBRAER vende aerei a reazione a turboelica a paesi come USA, Francia, Italia, Svizzera, Portogallo, Spagna, Regno Unito e Cina?

Nel 1997, si investiva solo lo 0,7% del PIL in sviluppo tecnologico e che, attualmente, tale percentuale è salita a 1,8%?

Il Brasile è al 9° posto fra i paesi che fanno maggiore uso di internet, dopo USA, Giappone, Regno Unito, Cina; Canada, Corea del Sud e Italia?

Il 65% dei siti latino americani sono brasiliani?

La televisione brasiliana è stata la quarta del mondo ad andare in onda quotidianamente, dopo Usa, Regno Unito e Francia?

La TV GLOBO è la 4° emittente televisiva del mondo, superata solo dalle tre grandi stazioni nordamericane (ABC,CBC e NBC)?

I tassi di dissocupazione sono inferiori a quelli europei (Italia:12%) e si situavano a 4,8% nel dicembre del 2000?

Il mercato editoriale di libri è maggiore di quello dell'Italia, con 50 mila titoli ogni anno?

Il Brasile è il 12° produttore mondiale di automobili (Audi, Chrysler, Fiat, Ford, General Motors, Honda, Mercedes, Peugeot, Renault, Toyota, Volkswagen)?

Nel 2002 il 95% dei brasiliani hanno inviato la loro dichiarazione di imposta sul reddito via internet?

Durante le ultime elezioni il 65% delle votazioni sono state fatte con sistema elettronico e 67.000 nuove urne hanno mostrato le fotografie dei candidati?

Nel Nordest il 70% dei beni immobili superiori ai 50.000 reais è acquistato da Europei?

Pipa è una delle spiagge più cosmopolita del Brasile ed una del 5 spiagge più famose di tutto il Brasile?

Nel Nordest gli aeroporti di Natal, Recife e Fortaleza ricevono insieme 105 voli internazionali a settimana provenienti dall'Europa, il doppio di quelli che ricevevano nel 2003?

Questi 105 voli sono voli diretti dalle maggiori capitali europee senza scalo e che da Lisbona sono 6 ore di volo?

Un europeo che si trova nel Nordest con il semplice cambio di euro in reais brasiliani quasi triplica il suo potere di acquisto?

Negli ultimi 3 anni nel Nordest il numero degli europei che ha deciso di acquistare una casa o di ricominciare una nuova vita, in genere aprendo una pousada o ristorante, è aumentato del 60%?

Con la stessa somma che occorre per acquistare un appartamento di 100 m2 in Madrid, un pensionato spagnolo può acquistare una villa su due piani con 4 suites di fronte la spiaggia nel Nordest?

Sempre più europei che vivono in mini-appartamenti nei loro paesi restano incantati dal poter acquistare case grandissime, a pochi metri dalla spiaggia, dove c'è sempre sole e c'è sempre un pescatore che offre gustose aragoste a 18 reais.

ABOUT BRAZIL...

"Questa terra, Signore, mi sembra che, dalla punta più a sud che abbiamo visto fino all'altra punta più a nord che da questo porto si può vedere, sarà così grande che ce né saranno ben venti o venticinque leghe di costa. Lungo il mare ci sono grandi barriere, alcune rosse ed altre bianche; e la terra sopra è tutta piana e piena di alberi. Da una punta all'altra è tutta spiaggia (...) assai piana e bella. Dalla foresta c'è sembrata, vista dal mare, molto grande; perché, fin dove gli occhi si estendevano, non potevamo vedere altro che terra e alberi..."

(Brano della lettera al re del Portogallo scritta da Pero Vaz de Caminha, scrivano della flotta che scoprì il Brasile).

POSIZIONE GEOGRAFICA

Il Brasile si trova nell'America del Sud, confina con il Venezuela, la Guyana, il Surename, la Guyana francese, l'Uruguay, l'Argentina, il Paraguay, il Perù, la Bolivia e la Colombia.

SUPERFICIE
8.511.965 km2 (il quinto Paese più grande del mondo)

POPOLAZIONE
circa 183.552.000 fonte www.ibge.gov.br - IBGE - Istituto Brasileiro di Geografia e Statística.

CAPITALE
Brasilia

LINGUA
Il portoghese è la lingua ufficiale del Brasile. Però il portoghese parlato in Brasile ha un accento ed una cadenza diversa da quello parlato in Portogallo. In più ci sono altre lingue parlate dalle tribù indiane che vivono nelle riserve.

DOCUMENTI
Per i cittadini italiani non è richiesto il visto d' ingresso per entrare in Brasile.
Alla polizia di frontiera si presenta il proprio passaporto con la validità minima di 6 mesi dalla data di partenza e il biglietto di ritorno dal Brasile. Il permesso di soggiorno per 90 giorni verrà rilasciato all'arrivo. Conservare la copia del modulo poiché andrà riconsegnato alla partenza.

VALUTA
L'unità monetaria del Brasile è il "Reais" (R$).

CARTE DI CREDITO
Le principali carte di credito internazionali sono accettate negli alberghi, nei negozi e nei ristoranti.

FUSO ORARIO
4 ore in meno rispetto all'Italia. Quando vige l'ora legale in Italia e/o in Brasile la differenza va da 3 a 5 ore.

TEMPERATURA
La media della temperatura annuale è di circa 28° C nelle regione Nord e Nordest e di 20°C nel Sud. Esistono località al Sud del Brasile dove in inverno le temperature arrivano fino a zero gradi.

TELEFONO
Dal Brasile all´Italia:
 telefoni fissi 0021 + 39 + prefisso locale +n° telefonico
              cellulari 0021 + 39 + n° telefônico
Dall`Italia al Brasile:
telefoni fissi 0055 + prefisso locale + n° telefonico
              cellulari 0055 + prefisso locale + n° telefônico

ACQUISTI
Oltre alle già famose pietre preziose, l'offerta della bella moda estiva, sensuale e colorata è quella che traduce di più lo spirito del Brasile, in particolare la moda da spiaggia con la grande scelta di magliette e bikini "tanga" seguita in tutto il mondo.
L'artigianato è un'altra scelta consigliata per i regali o gli acquisti personali. Sono caratteristici gli oggetti di paglia, ceramica, terracotta, frutta secca e legno e rappresentano la singolarità e la

tradizione di ogni regione.
Le meravigliose tovaglie di pizzo si possono trovare nel Nordest del Brasile. Da non perdere la possibilità di acquistare CD di musica brasiliana. Non dimenticare che il cambio favorevole é un invito a curiosare per i negozi in tutte le località del paese.

SPORT

La passione per lo sport dei brasiliani è dimostrata dall'esistenza di circa 8.000 squadre sportive in tutto il Paese, e lo sport più diffuso e popolare è sicuramente il calcio, chiamato qui "futebol".

POPOLAZIONE

In Brasile la popolazione è amichevole e cordiale. E' attraverso lo spirito libero e nazionalistico dei brasiliani che scoprirai la magia del Brasile, una miscela tra romanticismo e bellezza conosciuta in tutto il mondo.

BREVE STORIA

Il Brasile fu scoperto il 22 aprile 1500 da un navigatore portoghese Pedro Alvares Cabral.
Il nome BRASILE deriva da un legno chiamato "pau brasil" dal quale si estraeva un colore rosso per colorare gli abiti.

Nel 1822 il Principe del Portogallo proclamò ufficialmente il Brasile un Paese indipendente.

Nel 1889 dopo un periodo di crisi economica-monarchica, il 15 novembre venne proclamata la repubblica. Oggi a capo dello Stato c'è il Presidente che è nominato ed eletto direttamente del popolo e resta in carica per cinque anni.

LINGUA UFFICIALE E COMMERCIALE

La lingua ufficiale è il portoghese ma, frequentemente, per i rapporti commerciali vengono
utilizzati anche l'inglese e/o lo spagnolo.

PESI E MISURE

Il Brasile adotta il sistema metrico decimale.

ENERGIA ELETTRICA

Sistema monofase:
Tensione nominale: 110 V
Tensione Reale: 110-127 V
Frequenza Nominale: 60 Hz
Corrente massima disponibile nelle abitazioni: 100 A
Corrente massima disponibile per l'industria: 100 A

Sistema Trifase:
Tensione Nominale: 220 V
Tensione Reale: 115-230 V, oppure 127-220 V
Frequenza Nominale: 60 Hz

ORA LOCALE

Il Brasile è attraversato da tre fusi orari, pertanto le ore di differenza rispetto all'Italia variano dalle 4 alle 6 in meno quando è in vigore l'ora solare (meno 3/5 ore se vige l'ora legale).

FESTIVITA' UFFICIALI E ORARI

Le principali festività brasiliane sono:

01/01	Capodanno
febbraio	Carnevale
febbraio	Mercoledì delle Ceneri
marzo	Venerdì Santo
marzo	Domenica di Pasqua
21/04	Celebrazione dell'Eroe Nazionale Tiradentes
01/05	Festa del Lavoro
maggio	Corpus Christi
07/09	Indipendenza del Brasile *Festa Nazionale*
12/10	Madonna del Brasile
02/11	Giorno dei Morti
15/11	Proclamazione della Repubblica
25/12	Natale

APERTURA ESERCIZI

Gli esercizi sono aperti dal lunedì al venerdì dalle 9.00 alle 17.30/19.00.
Il sabato i negozi aperti fino alle ore 14.00, mentre fanno eccezione quelli ubicati negli shopping
centre, che chiudono alle ore 22.00.
La domenica quasi tutte le attività commerciali sono ferme. Fanno eccezione molti shopping
center.

BANCHE

da lunedì a venerdì, dalle ore 10.00 alle ore 16.00 o dalle ore 09:00 alle 15:00 durante il periodo estivo.

VALUTA AL SEGUITO

Il dollaro americano e l'euro sono le valute più utilizzate, sia negli alberghi sia nelle banche. Per la valuta in uscita il limite è di 9.620 Euro circa. È tuttavia consigliabile dichiarare gli importi superiori a 10.000 Reais o l'equivalente in altra valuta.

CLIMA

Le stagioni sono esattamente opposte a quelle dell'Europa eccetto nelle regioni Nord e Nordest del paese dove il clima é tropicale.
Per la città di Rio de Janeiro e per gli Stati del Nord / Nord-Est si consigliano abiti estivi e di mezza stagione nel corso del periodo invernale che va da luglio a settembre. A Rio la temperatura media può scendere ad un minimo di 15°/20°C.
D'estate la temperatura media è superiore ai 35°C.
Per lo Stato di San Paolo, Centro-Nord / Centro-Ovest e Stati del Sud, abiti estivi ed invernali o di mezza stagione limitatamente al periodo luglio/settembre, in cui l'escursione termica diurna può passare da 18 a 0°C.
In estate (novembre/marzo) anche in questi Stati la temperatura si aggira intorno ai 30°C.

TRASPORTI

La rete di trasporto pubblico non gode di buona manutenzione, eccezion fatta per quella
metropolitana, limitatamente alle grandi città che ne sono dotate (San Paolo e Rio), la cui qualità di servizio raggiunge standard tra i più elevati al mondo.
I taxi, numerosissimi e mediamente con un parco macchine moderno e adeguato, sono disponibili a tutte le ore del giorno e della notte.

LA CUCINA

La cucina portoghese portata dai colonizzatori trovò i nuovi elementi di un ambiente tropicale, si unì alle usanze dei nativi e ricevette più tardi l'influenza degli ingredienti usati dagli schiavi africani, dando vita alla cucina brasiliana.
La "feijoada" è considerata il piatto tipico brasiliano. Nata a Rio de Janeiro é il risultato di una saporita combinazione di fagioli neri con carni salate ed affumicate diffusa in tutto il territorio nazionale con la sola variante del tipo di fagioli.
La carne in Brasile è ottima e viene servita nelle "churrascarias" cotta alla brace, in grandi e succulenti porzioni come solito fare in tutto il paese. Lungo tutto il litorale molti sono i modi di preparare i frutti di mare, con innumerevoli ricette di pesci, gamberetti e le meravigliose aragoste del Nordest.
L'enorme varietà di frutta mangiata al naturale, succhi e colorati frullati si trovano ovunque. Ogni regione del Brasile é un vero festival di sapori, aromi e piacere culinari.
La ristorazione in Brasile è molto conveniente e offre una gran scelta di ristoranti di diverse categorie dove si mangia molto bene.

LA FRUTTA DEL BRASILE

Uno dei prodotti di cui il Brasile è ricchissimo è proprio la Frutta. Nella maggior parte dei casi si tratta di frutta mai vista sulle nostre tavole. La varietà di frutta in Brasile è straordinariamente elevata e d ottima qualità: ananas, banane, anacardi, frutta della passione, papaya, meloni, uva, mele, noci. L'Amazzonia offre moltissimi tipi di frutta tropicale come bacuri, cupuassu, jenipapo, mangaba, tapereba. I più famosi sono Carambola, Guaranà, Goiaba, Maracuja, Jacca.

Attualmente, il Brasile è uno dei primi tre colossi mondiali nella produzione di frutta, con un volume annuo di 41 milioni di tonnellate. Grazie alle sue condizioni climatiche, all'estensione del suo territorio, alla posizione geografica e alla natura del suolo, il Brasile può produrre varie tipologie di frutta: tropicale, subtropicale e tipica delle aree temperate.

In Brasile opera l'IBRAF (Istituto brasiliano della frutta), fondato nel 1990 dai maggiori protagonisti del settore. Si tratta di un organismo senza scopo di lucro, creato per effettuare ricerche di mercato, promuovere la formazione e l'avanzamento tecnologico in campo frutticolo e delineare le linee guida del settore. Per dare slancio alle esportazioni di frutta fresca e trasformata dal Brasile, l'IBRAF, in collaborazione con altri enti e associazioni, ha promosso un'iniziativa denominata "Brasilian Fruit Project". Questo programma di promozione riguarda le seguenti tipologie di prodotto: lime, mele, mango, meloni, papaya, uva, ananas, banane, arance, mandarini, pesche, kaki, fichi, fragole e angurie per quanto riguarda la frutta da consumo fresco. Polpa, succo, arachidi, acqua di noce di cocco e altro, per quanto riguarda il trasformato. Dal 1998 al 2006, le esportazioni di frutta dal Brasile sono aumentate esponenzialmente del 170% in termini di volume (da circa 297.000 tonnelate a oltre 802.000 tonellate) e del 296% in termini di valore (da circa 120 milioni di dollari a oltre 472 milioni di dollari). Ciò ha permesso alla bilancia commerciale ortofrutticola brasiliana (vedi tabella di seguito riportata) di accrescere il proprio attivo – dopo vari anni (1994 – 1998) di bilancio passivo – fino ad arrivare ad un massimo di 315 milioni di dollari di attivo nel 2005 (292 milioni di dollari nel 2006).

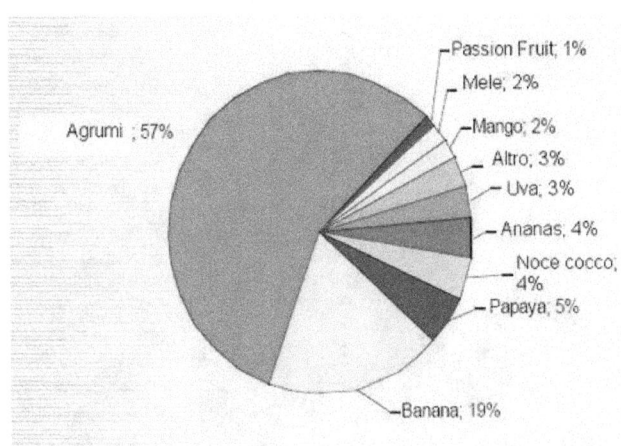

IL FRUTTO MIRACOLOSO: ACEROLA

La Acerola (malpighia glabra) è un frutto incredibile di cui noi occidentali neanche sentiamo parlare. E' il frutto che contiene più Vitamina C al mondo (quasi 30 volte più dell'arancia), contiene poi antiossidanti, anti-radicali liberi, ottima per contrastare le forme influenzali, in chi fuma per aiutare l'assorbimento del ferro, anti virale, stimola inoltre il sistema immunitario.

E' una pianta miracolosa che cresce spontanea in America centrale e meridionale, soprattutto in Brasile e in Porto Rico.

E' soprattutto utile per il suo elevatissimo contenuto in vitamina C (100 gr. di Acerola danno ca da 1.000 a 2.000 mg. di vitamina C) e perche' riesce a contrastare i radicali liberi, per il raffredore, influenza, problemi polmonari, raffreddore, bronchite, sinusite, e tutte le problematiche a carico dell'apparato respiratorio, utile nei problemi di fegato, e' utile nelle infezioni virali, nelle epatiti virali , nella varicella, ed anche nella poliomelite, ha una alta attivita antiossidante, che probabilmente e' dovuta al suo alto contenuto in vitamina C. L'uso dei frutti si impiega nella diarrea (consultare sempre il proprio medico curante).

La vitamina C non è sintetizzata dal nostro organismo e pertanto va assunta come supplemento, La Vitamina C è essenziale per la formazione del collagene, la sintesi di ormoni, la rigenerazione dei tessuti, per la sua azione antiossidante è utile per il sistema immunitario. E' una pianta essenziale insieme alla Rosa canina per il suo alto contenuto in Vitamina C per i fumatori, in quanto ogni sigaretta brucia quantità notevoli di Vitamina C.

La vitamina C stimola la sintesi dell'acido folico ad effetto rigenerazione dei tessuti, previene la formazione di nitrosammine (cancerogene), migliora l'assorbimento del ferro.

IL GUARANA'

Il guaranà (Paullinia cupana Kunth) è una pianta rampicante, sempreverde, nativa della foresta amazzonica. Allo stato spontaneo può raggiungere anche i dodici metri d'altezza; può sia appoggiarsi agli alberi della foresta (senza comunque creare alcun tipo di danno all'altra pianta), sia restare eretta senza sostegno. Quando però viene coltivata per sfruttamento industriale, è tenuta sotto forma di alberello o di arbusto, non più alto di due/tre metri, per facilitare la raccolta dei suoi preziosi semi. Il guaranà ha una storia antica. È stata pianta sacra per molte tribù di indios. A causa del suo «strano» frutto, attorno a questa piccola pianta, che altrimenti sarebbe forse passata inosservata, sono nate tantissime leggende e miti.

Vi sono leggende che, in un tempo molto remoto, ebbero per protagonista una ragazza dall'aspetto e dall'animo gentile; il suo nome era Cereaporanga ed era protetta dalla dea della bellezza e della vita. Un giorno Cereaporanga incontrò un valoroso guerriero di una tribù nemica e si innamorò di lui. Il loro amore avrebbe potuto superare tutto, ma i due innamorati non sarebbero mai riusciti a far cessare l'odio che esisteva da anni tra le due tribù; così decisero di fuggire insieme per essere felici. Durante il tragitto Cereaporanga incontra un'anaconda ferita e, nonostante il pericolo, il suo dolce cuore la spinse ad aiutarla; la curò con tutto il suo affetto, ma non sapeva che questo gesto le sarebbe stato fatale.

A causa di questa «sosta», i guerrieri della sua tribù si avvicinarono sempre più; quindi, accortasi di essere inseguita e certa che il suo uomo sarebbe stato catturato e ucciso, stabilì un patto di amore e di morte; chiese al grosso serpente di stringerli, con tutta la sua forza, nel loro ultimo abbraccio.

Gli indios, vedendo i due innamorati nel loro ultimo gesto, si disperano per la morte della loro protetta. Chiesero subito aiuto alla dea della bellezza e della vita affinché almeno lo spirito della donna non li abbandonasse; così la dea, commossa dal gesto di Cereaporanga, fece nascere dai suoi occhi una pianta i cui frutti sembrano, all'aprirsi, due splendidi occhi neri; proprio come quelli della fanciulla più bella.

Il guaranà è sempre stato considerato dagli indios come elisir di lunga vita; la sua importanza era alta in tutte le varie tribù, dato che forniva loro cibo e mezzi per curare le malattie, preparava e sosteneva l'organismo.

Il suo utilizzo era centrato soprattutto sull'effetto tonico–stimolante e veniva quindi impiegato per aumentare la resistenza fisica, per la caccia, ecc. Molte tribù di indios, però, andarono oltre a questo palese effetto e utilizzavano il guaranà anche per combattere la diarrea, per alleviare i dolori mestruali, per le malattie che indebolivano – e anche per riuscire a vedere/capire meglio le cose che ci circondano; uno scopo sicuramente legato al fatto che la pianta stessa ha gli occhi per vedere.

Venivano utilizzati esclusivamente i semi, e ogni tribù aveva il suo sistema di prepararli. Ma, in genere, gli indios brasiliani, tendono tutti alla stessa preparazione: si colgono i grappoli, scegliendo i frutti quando sono semi-aperti, che sono messi in contenitori pieni d'acqua fredda per estrarne l'epicarpo, e, dopo la pulizia, sono tostati a fuoco lento nello stesso giorno della raccolta; successivamente sono pestati.

Ridotti i semi in polvere, si aggiunge un po' d'acqua, continuando a pestarli fino a formare una pasta omogenea. A questa pasta gli si dà una forma di «panetto» e la si porta al sole, dopo viene messa a fumigare al fuoco di legni resinosi. Questo panetto viene poi grattugiato al momento del bisogno.

Nelle preparazioni del Venezuela, invece, i semi spogliati dagli involucri vengono triturati in acqua calda, addizionati con farina di manioca, lasciati fermentare per un certo tempo ed impastati con l'acqua bollente fino ad ottenere una pasta che viene essiccata e fumigata. Il guaranà, viene molto utilizzato nell'America meridionale per la preparazione di una famosa bibita, leggermente frizzante, chiamata appunto «guaranà», simile nell'aspetto e nel gusto ai vari tipi di bibite a base di cola, che ha un sottile effetto stimolante e un sapore dolce. Per il suo uso medicamentoso lo si può trovare in compresse, in bastoncini o, meglio ancora, in polvere. Ultimamente, sul mercato europeo, si trovano in commercio anche delle caramelle e dei cioccolatini a base di guaranà.

Composizione chimica: (nei semi secchi)

Fibra vegetale 49%
Amido 9%
Acqua 7/8%
Pectina, destrina, sali minerali, acido malico 7/8%
Acido tannico* 5%
Guaranina (caffeina) 4/5%
Olio fisso 2/3%
Acido piro–guaranà 2%
Glicosio 1%
Saponine 0,06%
* Guaranatina o acido guaranatannico, analogo alla Kolatina della Noce di Kola. La teobromina è contenuta nei fiori, nelle foglie e nella corteccia, ma manca nei semi

Proprietà terapeutiche
Le proprietà del guaranà sono innumerevoli, ampiamente sperimentate, documentate e, a seconda del soggetto, prevale un effetto su di un altro. Comunque, grazie al suo alto contenuto di principi attivi naturali si manifesta con un senso di benessere immediato, facilmente riscontrabile; la temperatura del corpo raggiunge un livello ideale e resta nel suo stato normale.

È uno stimolante efficacissimo in tutti gli stati di depressione nervosa, sonnolenza, adinamia consecutiva a infezioni, malaria; favorisce la digestione nei soggetti ipopeptici ed è facile infatti, vincere con essa la cefalea consecutiva ai pasti delle persone a digestione lenta, è quindi anche stomachico.

Vince spesso la stitichezza abituale, favorendo la contrazione delle fibre muscolari delle pareti intestinali, aiuta contro il meteorismo. Eccita da un lato i centri nervosi e specialmente il cervello, del quale facilita e rende più intensa l'attività e dall'altro lato la funzione circolatoria, rinforzando la contrazione cardiaca, aumentando la pressione endovasale.

Secondo le ricerche scientifiche, il guaranà presenta proprietà antianemiche, antinfluenzali, antinevralgiche, stimolanti, analgesiche, afrodisiache, antidiarroiche e allo stesso tempo libera dalla stitichezza (dato che combatte le infezioni dei microbi che attaccano il sistema gastrointestinale, è un grande disinfettante intestinale).
Questo seme inoltre è un potente diuretico e diaforetico e aiuta ad eliminare i liquidi in eccesso nell'organismo, del resto riduce gli stimoli della fame, è quindi utile nelle cure dimagranti.
È inoltre un ottimo preventivo contro i mali della vecchiaia: è un eccellente tonico geriatrico.

LA MUSICA

Il Brasile è considerato un Paese musicale! E' sempre stata caratterizzata da una grande diversità e grazie alle influenze musicali provenienti da tre continenti sviluppa continuamente nuove forme assolutamente originali. Il samba, ancora oggi influenza altri ritmi come il più recente "pagode", più lento e passionale. Una delle esponenti più famose del samba fu probabilmente Carmen Miranda, nota per il suo temperamento focoso e per le sue acconciature di frutta. La bossa nova, di carattere più pacato e influenzata dal jazz nordamericano, divenne popolare negli anni '50 con musicisti quali João Gilberto e canzoni quali "La ragazza di Ipanema".
Il tropicalismo comparve in Brasile attorno agli anni '60 ed ha avuto come capiscuola artisti quali Caetano Veloso e Gilberto Gil e presenta un misto di influssi musicali diversi comprese le classiche canzoni all'italiana facendo tante volte riferimento al governo brasiliano di quei tempi.
In epoca più recente è diventata molto popolare la musica axé creata dai gruppi musicali dello Stato di Bahia.

LA CAPOERA

Misto di danza e lotta la Capoeira è stata creata in Brasile dagli schiavi, in base alle tradizioni africane, come forma di difesa personale alle aggressioni fisiche e alle minacce. Nel corso degli anni questa danza/lotta è stata arricchita con nuovi movimenti e variazioni.
Come arma da combattimento utilizza con malizia e creatività le braccia, le gambe, le mani, i piedi, i gomiti, le spalle e le ginocchia.
Nella Capoeira oltre ai lottatori hanno un ruolo importante i musicisti e in special modo il suonatore del berimbau che conduce la lotta con il suo ritmo.

IL CARNEVALE

La più significativa espressione dell'arte e della cultura popolare e la festa più famosa del Brasile è il Carnevale, che si protrae per un mese di danze e follie e viene celebrata in tutto il paese. Il più noto è sicuramente il Carnevale di Rio de Janeiro con le sue sfilate organizzate all'interno del Sambódromo, strada costeggiata da gradinate installate appositamente, dove sfilano le migliori scuole di samba della città che ogni anno offrono uno spettacolo unico. A novembre a Natal si svolge un famosissimo carnevale fuori stagione chiamato "CARNATAL".

IL CONDOMBLE'

Religione portata a Bahia dagli schiavi africani che rende adorazione agli "orixás" considerati spiriti della natura che vengono dal fuoco, dalla terra, dall'acqua e dall'aria, e possono essere re e regine dell'Africa o ancora altri personaggi speciali che esercitano il potere di protezione.
Inizialmente i suoi riti erano praticati nelle "senzalas", abitazioni degli schiavi, o nelle terre intorno alle "fazendas" dove

lavoravano. Oggi sono venerati nelle cerimonie segrete e nelle feste durante l'anno, sempre condotti dai "filhos-de-santo" che con i loro costumi caratteristici entrano in trans ed incorporano gli spiriti degli "orixas".
Esistono ramificazioni del Candomblé in varie località del Brasile ed è curioso che sia praticato da una grande percentuale di brasiliani cattolici. Esiste però una corrispondenza di ogni "orixás" del Candomblé con i santi della religione cattolica.

STRATEGIA D'INVESTIMENTO
"BRAZIL REAL PROPERTY

La strategia dei terreni

Il Brasile sta vivendo un momento d'oro per quanto riguarda il mercato immobiliare e le previsioni per i prossimi anni sono molto rosee anche grazie al progressivo miglioramento della maggiore economia sudamericana che sta attraendo ingenti flussi di capitali esteri.
In particolare il Nordest sta vivendo la maggiore espansione immobiliare nel paese dovuta anche al suo enorme potenziale turistico.

	Valore iniziale	Rivalutazione	
Approccio PASSIVO			
	Valore iniziale	Rivalutazione	Valore Creato
Approccio ATTIVO			

Ancora oggi è possibile acquistare terreni a prezzi relativamente bassi ma è assai facile prevedere che da qui a 5 anni la situazione sarà alquanto differente.
La strategia vincente in questo momento è concentrare sin da subito i propri investimenti in terreni edificabili in zone a forte espansione turistica con la possibilità tra pochi anni di poterli o rivendere o costruirvi o lottizzarli.
La strategia che propone Brazil Real Property mira a **creare valore nel tempo oltre la semplice rivalutazione** (approccio passivo) tramite una serie di operazioni e progetti che aggiungono attrattività all'investimento (approccio attivo).

Quando si compra un bene immobiliare e si rivende dopo X anni si ha un **atteggiamento passivo** nei confronti dell'investimento nel senso che ci si basa unicamente sulla possibile rivalutazione dipendente a sua volta da una serie di fattori macroeconomici e cicli storici che un investitore subisce senza influire.
Quando si compra un bene immobiliare e si eseguono sopra di

esso operazioni e progetti volti a creare valore aggiunto (ristrutturazioni, progetti, costruzioni, lottizzazioni) si ha un **atteggiamento attivo** nei confronti dell'investimento nel senso che la possibile rivalutazione viene accresciuta dal lavoro che si compie su di esso.
Naturalmente per poter seguire un approccio attivo non basta investire il proprio capitale ma è necessaria una forte competenza e conoscenza del business altrimenti si rischia di vanificare l'intero investimento.

La strategia che Brazil Real Property propone è basata su 3 FASI cronologicamente correlate ma indipendenti.
Un investitore può decidere di attuare le 3 FASI ma anche di partecipare ad un sola FASE in maniera indipendente.

FASE 1 Acquisto Terreno edificabile

Fattori chiave da considerare nella scelta:

Valutazione zona: turistica, residenziale, in attuale espansione, in futura espansione.

Posizione del terreno nella zona: Fronte mare, vista mare permanente, strada principale, vicinanza ad infrastrutture.

Piano regolatore: Indice edificabilità, edificabile commercialmente o residenzialmente, percentuale di terreni edificabili ancora disponibili.

Dimensione del terreno: la possibilità di acquistare più lotti contigui in modo da raggiungere una adeguata dimensione impatta sulle scelte future di costruzione e quindi sul valore del terreno.

Progetti futuri: la previsione di grandi progetti in una determinata zona quali un grande resort di lusso o un aereoporto può mutare radicalmente la prospettiva futura di valorizzazione dei terreni.

Orizzonte temporale: E' importante definire a priori la propria aspettativa temporale di ritorno dell'investimento. L'acquisto di un terreno in una zona attualmente in forte espansione comporta un maggiore capitale investito ma una rapida possibilità di poter realizzare sin da subito un progetto di costruzione vincente. Il terreno è più "liquido",vale a dire con maggiori richieste di acquisto. Un terreno in una zona ancora poco edificata e con scarse infrastrutture richiede un tempo di attesa più lungo per poter sviluppare progetti di costruzione ben vendibili.

Alla fine della prima fase, vale a dire a terreno acquistato un investitore ha le seguenti possibilità di azione:

A) Vendita Terreno: l'investitore decide di rivendere il terreno realizzando la pura rivalutazione.

B) Realizzazione di un progetto di costruzione (Fase 2)

C) Realizzazione di un progetto di lottizzazione (solo possibile su grandi terreni)

Fase 2 Realizzazione di un progetto di costruzione e rilascio licenze

Per ogni terreno edificabile è possibile realizzare dei progetti di costruzioni residenziali o commerciali in base al piano regolatore

ad alla classificazione del terreno.
Il secondo Step **non significa costruire**, ma realizzare un progetto di costruzione ed ottenere il rilascio delle licenze ambientali ed il permesso di costruire. I tempi variano da 1 a 2 anni a seconda del tipo di progetto e della zona.
Alla fine del secondo step si ottiene un terreno con progetto approvato.

	Valore iniziale	Rivalutazione	costi progetto	valore aggiunto
Progetto Approvato				

Tale operazione crea valore in quanto il valore del terreno con progetto già approvato è ben superiore al valore del terreno di per se' e supera i costi di realizzazione progetto.
Soprattutto ora il terreno **diventa molto appetibile** da parte di investitori di tutti i paesi in quanto si trovano una situazione già pronta da far fruttare e possono far partire immediatamente una costruzione senza dover attendere i tempi burocratici del rilascio licenze e le incognite relative all'approvazione.

Fattori Chiave:

Scelta Tipo Progetto: Residenziale o commerciale.

Analisi Mercato: Analisi progetti di successo nella zona, evoluzione e prospettive del mercato, analisi prezzi di vendita e costi costruzione, previsione sviluppo commerciale/turistico della zona.

Alla fine del secondo step si aprono una serie di possibilità per l'investitore:
A) Rivendita del terreno con il progetto approvato.
B) Costruzione (FASE 3)
C) Condivisione Costruzione con altri investitori: *Un progetto approvato attrae più facilmente l'interesse di investitori di tutti i*

paesi in quanto rappresenta un prodotto già pronto da poter mettere subito a frutto. Il proprietario del terreno con il progetto approvato può unirsi con altri investitori e portare a termine la costruzione condividendo il capitale e quindi il rischio. Una situazione molto appetibile e utilizzata è la possibilità della PERMUTA . Il proprietario del terreno non immette ulteriore capitale ma contribuisce al costo della costruzione con il valore del proprio terreno ricevendo in cambio una quota parte di appartamenti.

FASE 3
Realizzazione della costruzione sulla base del progetto approvato

La fase della costruzione implica l'apertura di una società "incorporadora", l'individuazione dell'impresa costruttrice, la gestione contrattualistica, l'organizzazione della rete di vendita.

	Valore iniziale	Rivalutazione	costi costruzione	valore aggiunto
Progetto costruzione				

Fattori chiave:

Marketing e Pubblicità: *Promozione del progetto in fase di prevendita. Un progetto ben ideato e ben pubblicizzato si vende prevalentemente su carta.*

Rete di vendita: *Individuazione del mercato di vendita(locale,estero),creazione delle rete di agenti.*

Gestione Post-vendita: *Per alcuni tipi di progetti quali resort e appartamenti turistici, l'ideazione di una adeguata struttura post-vendita che possa gestire affitti e garantire rendite impatta in* *realtà già in fase di vendita e costituisce uno strumento commerciale molto efficace.*

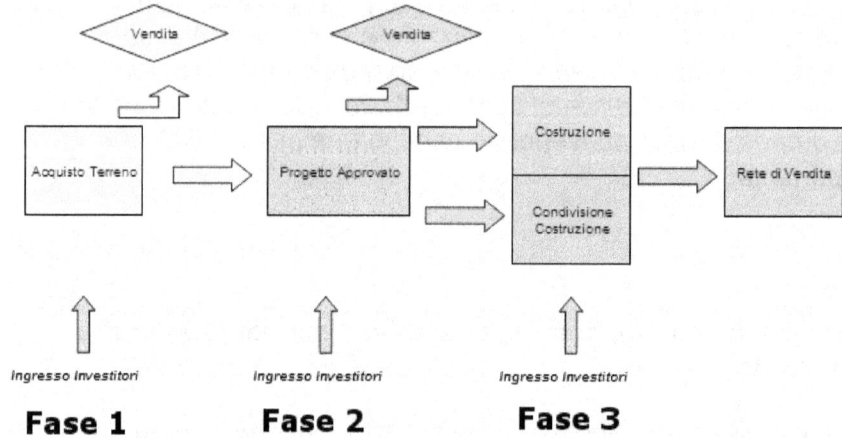

Incrocio della domanda e offerta di investitori su diversi Paesi

Tipologia di investitori

- Investitore in cerca di terreno edificabile

- Investitore in cerca di progetto approvato

- Investitore in cerca di condivisone di rischio per progetti di costruzione

Punti qualificanti della strategia Brazil Real Property

Possibilità di effettuare un investimento che crea valore e non sfrutta semplicemente la rivalutazione. Possibilità di effettuare un investimento per gradi. Si può quindi decidere di partire con un capitale non ingente per poi valutare nel tempo se incrementare il proprio investimento realizzando un progetto.

Possibilità di realizzare progetti in condivisione con altri investitori in modo da condividere rischi e risorse e poter sfruttare sinergie comuni.

Possibilità di entrare ora in un paese emergente ad alto potenziale e candidato a superpotenza economica del futuro con progetti complessi ed ambiziosi che possono portare ad un ritorno interessante non solo da un punto di vista economico.

Per quanto sia stata posta la massima cura nell'elaborazione e redazione del presente testo, Brazil Real Property, non si assume alcuna responsabilità sulla completezza dei contenuti, né tanto meno puo' essere ritenuta responsabile per tematiche del settore che sono in costante evoluzione.

CONTATTI:

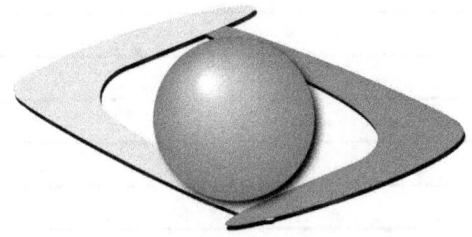

www.brazilrealproperty.com

info@brazilrealproperty.com

brazilrealproperty

MSN: msn@brazilrealproperty.com

APPUNTI

www.ingramcontent.com/pod-product-compliance
Lightning Source LLC
Chambersburg PA
CBHW071417170526
45165CB00001B/307